廠佬東莞奇遇記

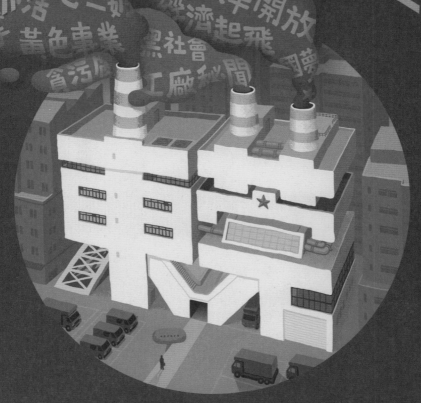

我對天發誓，我向上帝承諾，以下這本書所說的一切，全部是作者我自己的真實經歷，上帝面前，絕無虛言。

寫作這一本書，目標，是為了記得東莞的歷史，社會風貌和社會情況。

當時的我，是一位工廠經理，在東莞，有辛酸，有勤勞，有開心，也有不快的事情。這本書，是我成長的經歷，是我長大的過程。

東莞，是中國的縮影，有好的一面，經濟向上發展的一面，也有壞的一面，當年社會敗壞的一面，官員和商人貪污和打關係、地下黃色事業、黑社會橫行霸道、人民素質的不足和工廠的不濟和勞工受剝削。這本書，除了是為了記得我的歷史、東莞的歷史，更是為了理解中國的一本書。以東莞作為視角，理解中國的好與壞，認識中國從種種亂象走向今日漸有所成的道路。

這本書，獻給我們的下一代，希望下一代，對中國有更好的了解，對國情，有更好的認識。

無名工廠經理

2020 年秋

我與東莞的一個偶遇

第 1 節
為何去東莞

　　這本書，主要是為了講述我在東莞 10 年來的生活。

　　一開始，我打算北上東莞，希望升職發財（廣東話：發達），擔任工廠生產部經理一職。期間，需要有一份工作，賺錢謀生和養家，但誤打誤撞，竟然在不知不覺間走進了一段奇妙的歷程。

　　由於東莞已經濟轉型，舊式工業撤出，因而令我想起和回憶當年的一切，回想當年在東莞工作的時光。

在改革開放之初，鄧小平 1992 年南巡之後，中國共產黨發揮黨國列寧體系的效率，引入市場交易和置富為主的資本主義，兩者有機地結合成為一個有市場特色的經濟體制。今時今日，在共產黨統治下，毛澤東和雷鋒依然受中國廣大人民群眾的支持，大學生要讀習近平思想和黨的思想，共產黨仍然控制和指導社會發展方向，但共產黨，卻融入市場、資本主義機制，在利益掛帥的激流，人人向錢看，官員下海經商，致富求榮，外資湧入中國這發展中國家。中國共產黨，就這樣，和市場結合起來。市場無法推翻和改變共產黨，反而和共產黨結合起來。共產黨維持了自己的黨國社會制度和意識形態，但市場、可口可樂、外資投資的工廠，卻讓中國人民滿足了經濟政治精英的致富夢，國家不但站起來，更加富起來，一小群的政經精英暴富起來，基層市民亦生活大幅改善。

紅色中國，改革開放，共產黨與市場給合起來。外資和港資可以設廠中國境內，尋求更低的成本和機遇，成為中國經濟發展的方程式，為中國賺得了第一桶金，改變中國當年一窮二白的情況，為今日的強國夢打下了一個基礎，中國強大不再是夢。

東莞，位於深圳和廣州之間，是香港工廠北上遷移的熱門地點，最終更發展成為世界工廠，成為世界製造業的生產線，這一切都起源於 1992 年鄧小平南巡後的改革開放。很多工廠，特別是香港的工廠，為了尋找更低的成本，更有效率的生產線，因而轉往深圳開廠，之後為了進一步減低成本，尋求更大片的工廠土地，進一步轉往東莞設廠。

結果，東莞成為工業區，很多台資、日資、香港資本，來到東莞設廠。所以，東莞不但與香港有很強的經濟、文化和工業上的聯繫，更歡迎了不同地方前來的工廠。東莞湧現了紡織、服裝、鞋業、電子、食品、機械等行業的外資企業，工廠遍佈東莞城鄉。到1993年，東莞實際利用外資累計達10億美元，東莞工業單位數目由1978年的1290家增加到1993年的12449家。曾幾何時，全世界每四對鞋就有一對在東莞生產，其生產力之強可想而知。

為了工作，東莞吸引了來自五湖四海，不同省份的農民工，形成「百萬民工下東莞」的一時盛況。農民工在農村賺錢不多，生活艱難，所以要來東莞打工，在工廠工作謀生。結果，東莞吸引了不同省份前來工作的工人，大量洗腳上田的農民變身成為東莞最早的產業工人。[1]

很多香港人，由於工作等方面的關係，都會在東莞住。樟木頭鎮，更因為多香港人居住和公幹，被稱為「小香港」[2]。正因如此，有時都會有中港戀情，也有香港人北上包二奶，甚至有中港家庭的融合。

在東莞，生活水平高了，多了很多餐廳、酒店、美容、夜總會。印象中，有一間夜總會，工廠改建而成，像籃球場那麼大。有一次，

---

1 張彤禾《工廠女孩》台北：樂果文化出版，2012年。
2 每日頭條（2017-4-8）《這個小鎮被稱為「小香港」，你知道是哪裏嗎？》
　　https://kknews.cc/zh-hk/travel/394a3yo.html

500 個衣著較為性感的女性，排成幾行和列隊，場面非常震撼。有老闆包二奶，包了 30 個二奶，還曾經有二奶，指責這位老闆拖欠了她七百萬巨款，更因此反目，發生毆鬥，以致公安上門，最後公安收了錢，才可以放人。

當然，誠實一點吧，東莞很窮，農民工很窮，才會薪金如此低，工作條件比較差，還要來我的工廠打工。想必是農村條件不太好，農民工才會急著找工作改善經濟情況。[3] 做工廠管理的就知道，中國工人很喜歡加班。你沒有班給他加，他會不高興呢！很簡單，在多勞多得的制度下，底薪定得低，工人自然要拼命加班、主動要求加班。中國人的刻苦耐勞真是嚇人，他們改善生活的決心同樣嚇人，工作像「牛」一樣賣力地工作更是嚇人。

不過，正因比較貧窮，所以呢，都有不少經濟條件差的東莞人，加入黑幫，黃、賭、毒、黑，一時泛濫，男盜女娼，成為東莞文化的一部分。謀財害命，殺人偷錢，成為我在當地最害怕的事情。東莞幾乎所有當地人，都是黑幫的一份子，而我自己都要遷就當地的黑幫。我自己很害怕在街上亂走，害怕被人追斬或打劫，都很害怕無意中透露了自己的居所、資料和身份。

3　張彤禾《工廠女孩》台北：樂果文化出版，2012 年。

當時東莞的治安跟今日相差很遠，山高皇帝遠嘛！看看，這些中國大陸網民自己製作短片，都反映中國東莞和內陸地區一帶，社會治安惡劣。中國東莞，我去的時候，也就是 2005 年到 2015 年期間，這十年期間，其實治安不算是太好。黑社會，真的可以在街上斬人，在店舖斬人，而警察治理不力。[4] 這樣的社會，我怎能住得慣？

　　中國社會，很多問題，始終是要改善的。

　　在東莞，我其實沒有特別喜歡的文化、旅遊景點，都沒有特別喜歡的飲食。東莞的圖書館和美術館，我未去過；東莞虎門沙角炮台，我未聽過；東莞水濂山森林公園，我未見過；東莞美食龍舟餅和糖不甩，我也未試過（可能不經意間吃了也不知，總之就沒有到處尋訪美食）。在東莞，我是一個大忙人，東莞只是我工作的地方，因而沒有令我成為東莞文化的熱愛者。

　　當然，在 2010 年代，東莞舊式工業撤離，我都離開了東莞。東莞工業輝煌不在，因而令我很希望記得當年發生的一切。

　　回想以前的時候，第一個要問的問題是，為何要到東莞工作呢？

4　優酷 Youku（2011-7-29）《[拍客] 东莞暴徒疯狂打砸砍人现场》
　　http://v.youku.com/v_show/id_XMjg5MzU1MTM2.html?spm=a2hzp.8253869.0.0
　　優酷 Youku（2013-3-28）《[拍客] 四男子东莞赌场被砍 报警 6 天仍未立案》
　　http://v.youku.com/v_show/id_XNTMzNzEwMzIw.html?spm=a2hzp.8253869.0.0
　　優酷 Youku（2019-1-2）《福建福州：可怕！餐饮店突闯入多名蒙面大汉 持棍疯狂打砸》
　　https://v.youku.com/v_show/id_XMzk5Mjg3MzQyMA==.html?spm=a2h0k.11417342.
　　soresults.dtitle

大概是我 27 歲的時候，也就是大概 2005 年的時候，我到某大工廠「見工」，為了一份工作而加入面試，與上司見面。上司問我「你有沒有子女」，我答「有」；他再問「你在香港有沒有買樓」，我回答「有」；他又問「你有沒有經常回內地走一走」，我回答「沒有」。於是，他冷冷地道「這份工不適合你，再見！」我心頭一震，冷汗直流，用誠懇而帶一點無奈的口氣說：「我雖然有要照顧的子女，但更要賺錢養大子女；我雖然在香港有樓，但因此更需要賺錢供樓；我雖然很少上內地，但我很願意為工作長住內地。」最後，我得到了這份工，開始了人生的新一頁。

　　筆者是一個想理解中國，想認識中國，想認識大世界，想建立更廣寬人際圈子的人。不過，最重要的是，筆者要供樓，要過活，很平庸地賺錢謀生和養家。所以，我就決定勇敢地到東莞闖一闖，好好地賺錢和養家。

　　上司要求我北上東莞，管理生產玩具包裝的工廠，擔任工廠的生產部經理。

　　那間在東莞的工廠，大約有八百多名員工。我隻身拿行李，經火車由深圳前往東莞，經營工廠生產線。

　　就這樣，筆者就跑去東莞，成為東莞的工廠經理，開始了我和東莞的一個偶遇。

東莞工廠生活

我由 1995 年開始，進行與印刷相關的工作，已經有 10 年。

當時的人民幣兌換率，是 100 港元兌 115 人民幣。將港幣轉換成人民幣，到現在所謂的大灣區工作，真是好使好用。當地物價遠低於香港，一個普通工人的月薪是三四百元左右，不斷加班，日做夜做，也只是多數百元。當時流行的一種路邊攤檔式的卡拉ＯＫ，放一部電視和一部錄影器材，工人圍在一起唱Ｋ，一首歌收費一元，對當地人來說是時髦但又非常奢侈的玩意。而我作為收入過萬的打工仔，賺港幣但用人仔（人民幣），感覺自己的收入大增，精神為之一振，自然是有一種商機處處，踏上發達致富之路、有錢有前途的感覺。

某個晨光初現的早上，小弟毅然北上，正式到中國內地工作，透過坐直通車，一路北上到東莞的工作地點。由香港一路北上到中國大陸工作，可以養家和賺錢，也是一個不錯的抉擇。

所以呢，香港和台灣的年輕人，除了留在香港，都需要放眼國際和中國，認識大世界，才可以有更好的知識、人際關係和工作前景。

中國：製造業全球化下的世界工廠

當時，2000 年代，已經有不少工廠在東莞區。

很多外國和香港的資本，在中國改革開放、經濟發展、工業發展的時候，在鄧小平 1992 年南巡堅持經濟改革開放的時候，外資大量到中國設廠，發現中國工人，跟墨西哥工人相似，跟現在的越南和孟加拉工人相似，非常便宜，但更勤力，更聰明，實在又平又正。結果，中國工人，在 1990 年代到 2000 年代，在成本尋底的遊戲中勝出了，搖身一變為世界工廠。

就這樣，世界各地的廠商，香港的廠商，爭相在中國設廠。這一切，都令中國製造，Made in China，成為了世界貨品的主流。

當然，現在，很多工廠老闆發現越南、印度和孟加拉的工資更便宜，因而將工廠轉移到其他地方，撤離中國。不過，中國，仍是一個重要的製造業大國，至今仍影響全球的製造業和產品的製作。

生產部經理報到

在這種世界潮流下，我有幸成功北上發展。在 2005 年，有工廠邀請我到中國內地工作，擔任生產部經理一職。

一開始到達工廠的時候，我對工廠的感覺，十分古怪，有一種工廠和東莞很落後、很難適應的感覺。

工廠內有大約 800 名員工，但整個工廠竟然僅僅只有 3 部電腦，電腦運作也需要較長的時間，屬於古董式的機器，根本不足夠讓各個不同類型的部門使用。結果，在訂貨、退貨、互相聯絡等相關的事宜，效率一點也不高。

工廠的行政一開始一點也不好，手寫開單，而沒有電子電腦記錄。產品數據、存貨和材料的數目混亂，品質無監管，工廠工人互相推卸責任。

當時，那間東莞工廠，是生產玩具紙盒的工廠，但印刷機卻只有四部。更可惡的是，在機器附近，竟然有瓜子殼、花生殼等等的垃圾，還堆積在四周。隨地吐啖，亂扔煙頭，已成為習慣，工人基本衛生意識和紀律都沒有；廁所「香」氣四溢，即使沒有導航系統，也可輕易辨識廁所所在之處。更可惜的是，沒有人有空閒時間去留意這些垃圾，即使清潔工不斷打理，都無法完成工作，因為一清理完，新的垃圾又出現，可見工廠是如何的管理不善，工人的衛生意識是如何的差劣。

至於公司安排給我，讓我入住的宿舍，屬於經理的宿舍，環境實在是一般。破舊的房子，簡陋的設備，但地方當然很大，大約等

如今日香港一個劏房的十倍，究竟我的生活質素好了，還是差了，我自己都摸不著頭腦。

後來，面對種種混亂的現象，作為領導人，我當然是責無旁貸。我推行了一些小改革，清潔工廠環境。建立了罰款制，隨地扔瓜子、花生殼、隨地吐啖、隨地亂扔垃圾，都要罰3元，相當於工人2小時的薪金，此舉令環境改進了不少。此外，洗手間內，有清潔檢查制，清潔不力，會被問責和懲罰。結果，兩個月內，環境清潔有所改善，面貌為之一新。

當然，我都同時進行了生產線的改善。生產線，加強了電腦化，由3部電腦，變成了50部電腦。不同部門都要用電腦紀錄訂單、來料數量、存貨多少、出料數目等，結果，一段時間內，生產效率提高了，訂單增加了，玩具紙盒生產增加了。

童工疑雲

訂單多了，工作多了，自然出現人手不足的問題，所以，我決定要招攬工人。

在東莞各地，特別在火車站，在村落的村口位置，我們開始派專人去招攬更多工人，成功找到了百幾人。不過，我後來才知道，原來很多情況下，都是工廠的保安向應徵者收錢，收了50元過路費

或者是人頭介紹費，才可以過關和見工。那些保安平日見到我們這些來自香港的人員，總是必恭必敬，至於面對同是內地的工人，當然就會來一個四川變臉，呼呼喝喝，而對新來見工的，當然更是要「過河濕腳」，乘機賺點零用。

有人用假身份證，跑來求職，當中有當場被發現的，有沒有成功瞞天過海，我當然不知道啦，因為我都被蒙在鼓裡嘛。有一些人的來歷很古怪，令人印象深刻，其中有一個不明來歷的男子，入廠後行事古怪，總是無心工作，後來才知道，他白天打劫，晚上無地方睡，於是突然跑進隊伍中，申請一份工作，這樣就可以住進工廠的宿舍。這件事，廠中很多人都記得，至今同事聚舊時也會提起。

由於當時缺乏工人，於是我們便聘請一些童工、臨時工，盼望可以有足夠的員工工作。

很多時候，小朋友的身份證明文件，上面寫明他們是 16 歲或以上，但我仔細地看看他們的身高和容貌，與他們相處的時候，都不覺得他們像成年人。是他們發育不良，身心遲熟，又或是另有隱情，身份證有問題，我也弄不清楚。

因此，我很懷疑自己無意中請了童工，但我別無選擇，只能信任小朋友給我的那張身份證。

在中國，根據《憲法》、《勞動法》、《未成年人保護法》和《禁止使用童工規定》，當中都有禁止僱用童工的規定。無論是國家機關、社會團體，還是企業，任何用人單位都被禁止招用不滿 16 周歲的未成年人，但是現實中，童工及疑似童工的現象還是大量存在的。[5]

據我所知，不少廠商，依然要用童工，而地方政府，卻得過且過，畢竟企業會為地方創造財富，帶來經濟效益，就得饒人處且饒人吧。也很多企業，有保護傘，有人脈關係，因而令政府部門無視非法童工的存在。[6]結果政府對違法現象採取「睜一隻眼，閉一隻眼」

---

5 紐約時報中文網 2013 年 3 月 1 日《中國工廠裡的孩子》
   https://cn.nytimes.com/china/20130301/cc01childlabor/zh-hant/
6 同上。

的態度，對非法使用童工和未成年學生的現象漠不關心。[7] 換了是今日有法必依，違法必究的日子，他們可能已經「白鱔上沙灘，唔死一身潺」。

結果，即使我知道用童工是犯法的，但對方是小朋友一個，給我一張證件，自稱是大人，我又沒有證據拆穿他的謊言，更沒有時間去指責他和詢問他，就只能夠假裝信任這些「小朋友」。出來社會做事，要講個「信」字嘛！

不過，有一些童工，分明就是 13-14 歲，一看就知低於 16 歲，是明目張膽地進來違法打工的。有一些農民子弟，因付不起學費雜費，又或是家中要錢應急，只得走到城市的花花世界打工，碰一碰自己的運氣。還有，窮苦的學子們要幫學校到工廠打黑工，半年讀書，半年在工廠做童工、打黑工、做非法童工，美其名為活動、實習等。一些無良的學校和中介人，還要一車接一車地用旅遊巴士，將童工運來工廠。這樣的「課外活動」真叫人大開眼界。

當時，畢竟工廠實在需要工人。如果有更好的理由，我會說我被人要脅，害怕太有正義感，會被黑幫追殺，被政府留難，我無辦法，因而要被迫讓童工在廠內工作。

---

7 同上。

記得有一次，那可恥的中介人，不支付學生工資，偷偷地逃走，人間蒸發。學生們群情激憤，向廠方申索工資。中介人不付錢，就要工廠賠錢，黑狗得食，白狗當災。為了避免事情鬧大，廠方就只能賠償雙倍工資，算是無妄之災吧。

順帶一提，很多工人，要回家、返鄉、結婚、轉工，因而要辭工，離職的理由五花八門，千奇百怪。離職的員工當中，還有人是因為與保安地下戀，懷孕了，因而威脅要辭工和跳樓。某次，工人們交了很多份辭工書，辭工書的厚度有三寸厚。可是，工廠根本不夠人手，於是我把心一橫，扣留他們的辭職申請書，然後偷偷地銷毀，迫工人們留在工廠繼續工作，不許他們辭工。

來自少數族裔背景的臨時工

有一些臨時工，是少數族裔，甚至有來自苗族的員工。這群人，由於不懂得透過普通話、廣東話和英語，大家難以溝通。於是，我們與他們的溝通，有一定的障礙和困難。所以，彼此之間的溝通，只能透過手語，來表達自己的想法和意見。

而且，他們有一些壞習慣，就是他們一個月才洗澡一次，身上不時傳來惡臭的氣味。他們的名字也十分有趣，例如某人的名字叫做 3456 和老 321。總之就叫我大開眼界，畢竟當時中國經濟還未起

飛，人民的質素整體沒有今日這般高，各種古古怪怪的事真是司空見慣。

臨時工之間因女色而生的糾紛

此外，我聘請回來的臨時工之間，時有爭執，更曾經發生恐怖砍人事件。

那時，因為他們臨時工之間，為了爭取其他女生的吸引，因而經常出現爭吵，陷入惡鬥，彼此劍拔弩張，雄性動物為求偶而惡鬥，是生物本能，難以避免。

於是，工廠內，瞬間變成了「羅馬鬥獸場」。所有參加角力的男性工人，都希望能夠顯示自己「最威猛有型」的一面，將吸引異性本能發揮到淋漓盡致，希望自己心儀的女生會看得到，甚至能夠被自己打動，並可以選擇其中一位女生作為自己的伴侶。

即使在風平浪靜的時間，臨時工之間或許都存在友誼。不過，只要上演一場「派綠帽」、「一腳踏兩船」和「爭風吃醋」，一切的友誼都稱不上是甚麼。友情的力量從來都不及上愛情，重色輕友這句話，真是千古定理。

此外，餘下的男生，因各種原因，例如憤怒、妒忌、生不如死、痛不欲生，心緒不寧，所產生出的情緒，都只會變成一種衝動的行為，也會使他們回復獸性，回復人類原始的本能。最後，他們之間，只懂得使用武力解決問題，惡鬥在所難免。

有一次「爭女」事件，雙方起初都有口角，繼而出動利器，受傷最嚴重的，竟然被砍斷了一隻手臂。

這把刀是如何得來的？事緣有員工，用工廠生產物料，偷偷地弄了一把刀，藏在床下底備用，其工藝水平實在叫人瞠目結舌。由於他的情敵是在工廠正門的門口外被斬斷手臂，而不是工廠範圍內，加上一切是中介公司的管理不善，不是我的錯，因而我沒有理會他的死活。傷者是生還是死，在醫院內有沒有死掉，對一個勤力和守規的經理來說，沒有那麼多時間去理會。

除此之外，當時有一個女臨時工，跟一個工廠保安，發生了一段不可告人的地下戀情，後來的結果，是你們或許能夠猜到得的，就是開花結果。

女方懷孕了。

很可惜的是，地下戀情結束了，這段關係，原來不是一段至死不渝的愛情。

那個保安，不願意承認那個「BB」（腹中嬰兒）是他自己的。

男方看見自己不經意間無心插柳柳成蔭，但不願承受開花結果之後的重大責任，害怕承受這一切的重擔。

最後，戀情的結果，沒有《鐵達尼號》當中的男女主角一樣浪漫，沒有那轟天動地和至死不渝的愛情和犧牲。

對！沒有犧牲，只有輕生，那個女臨時工選擇自殺……

她計劃跳樓……

一跑跑到天台……

決心自盡……

最後，經過我們一番勸導下，她總算願意由天台的圍牆上那危險的角落走下去，走到安全的地方。我這份工，原來還要兼任心理輔導員、談判專家、南宮夫人式的愛情顧問，一夜之間，我成長了。

此外，還有一個女臨時工，與一個男工，離家出走私奔，打算自由自在地追逐真愛，追逐那屬於他們的愛情生活、二人世界。拋棄教條和封建的束縛，尋找自己的人生，雖然是激進，但也是天長地久式的浪漫愛情。

可是，在天願為比翼鳥，在地阿媽來阻止。女工的母親帶了全部親戚到工廠裡鬧事，原因當然是女兒失蹤了。所謂人多好辦事，鬧事時更是如意。眾人七嘴八舌，有人惡形惡相，有人施展中國特色的哭哭鬧鬧，一哭二罵三上吊，要那個男臨時工賠償 10 萬元，否則就報警捉人。

全廠的人都一直看著他們互相爭論，看看這是誰的責任。

此時，工廠同事在這件事上一分為二，兩極分化，形成廠內的「社會撕裂」，外部矛盾已演變為內部矛盾，小弟作為工廠的最高負責人，也就是經理，當然要負上責任，出面調停，跟雙方「講數」，力求將事件平息，以免演變成工廠內部紛爭和僱員問題。

結果，我一賠，就賠了數千元。息事寧人，中國式智慧又再發揮效用。

欠薪疑雲

我經常因為工人不足而頭痛，但如今回想起來，我自己都有犯錯。

有一次，因為工廠工人聽到有謠言，深信工廠快要搬遷，加上有傳言提到工廠打算拖欠薪金，不還債（畢竟，當日中國大陸的勞

工法律沒有今日完善，執法不力的情況並非今日的法治社會可比，只要地方政府的保護傘強大，廠方是不一定要遵守勞工法的。那時有法不依，已成習慣），工人恐慌，一場「大龍鳳」即將上演。

某個中午，我被一群情緒失控的工人攔著。

四面楚歌，八面受敵，十面埋伏，草木皆兵也。

我被文攻武鬥、重重包圍、全方位圍攻了，足足兩天一夜。

由於我是工廠的最高負責人，那些工人就害怕我會逃跑而不付他們工資。因為，這一些做法，在一些落後非洲窮國，無法治，村官無王管的第三世界國家，是常見的家常便飯。

作為工廠的經理，甚至是工廠的總經理，我有責任化解一些問題。我嘗試和在香港的總公司用手提電話聯絡。

但總公司告訴我的是，他們無法即時帶巨額現款北上，要我多等一會。忍得就忍，拖得就拖。

沒有總公司派救兵來，一切都要自救，靠自己。

那時，我被困於工廠內，一群工人圍在我身旁，要求我立即支付拖欠他們的薪金，但我感到十分無奈，因為支付現款，本來是總

公司的責任，但總公司到現在都未派出救兵，也沒有送來現款，而我卻被一群工人圍著。

當時，我只想逃離現場，不希望再被工人圍著，因而決定要偷跑，走為上著也。

畢竟，大家都認為是我做壞事，好像不知道是我的上頭的問題，而這不是我的責任。那時，我只想活下去，我要逃走，我要逃出重圍！

到月黑風高、深夜降臨的時候，工廠內的工人，特別是在我身邊包圍我的工人，實在是十分疲倦，紛紛進入夢鄉。

我發現時機到了，偷偷利用手提電話聯絡我熟悉的貨車司機和香港同事。

安排好接應之後，我趁他們不察覺，爬上 3 米高的外牆，到了圍牆邊，接應的同事捉住我的手，那是上帝之手，既溫暖，又能滿力量，至今難忘。他們協助我翻過圍牆，幾經辛苦才能夠逃脫工廠這一座大型監獄。

但說時遲，那時快，工廠內有人大叫：「有人偷走！有人偷走！」

其實，被人包圍的時候，我也偷偷通知了公安，這時公安及時

趕到，但是他們了解情況之後，表示愛莫能助，因為這是私人糾紛，不能幫我解決這個問題，希望我們能夠自行解決問題。

可喜的是，總公司發現事情鬧大了，立即加快處理。數天之後，現金送到，總算沒有拖欠薪金，工人皆大歡喜，化解了矛盾，我從監獄從回人間，捏一把冷汗。

之後，工廠遷移了，由一個鎮到了另一個鎮，由樟木頭，遷移到黃江鎮。

東莞工廠環境污染問題嚴重

除了工廠的員工問題之外，工廠內的整體衛生情況也很惡劣。由於當時的社會，沒有公共衛生意識，沒有刻意為員工提供一個整潔和安全的工作環境。因此，工廠不能讓員工在一個清潔衛生的工作環境內工作，以確保員工的安全和士氣，至今也覺遺憾。

此外，我更發現，原來工廠印刷時所製造的污染物會直接排放江邊，最終會流入大海。當然現在的法律一定不能夠容許工廠將污染物未經處理就排出。由於當時並沒有人會理會這些芝麻綠豆的小事，只希望能夠養活自己及家人，因而中國大陸在東莞的民眾，並沒有任何的空閒時間去顧及工廠附近污染物所帶來的影響。

當日子久了，我經常經過的小巷，處處是一些工廠排水渠所流出的污水，而且發出的惡臭和氣味，十分污穢。

日子久了，發出惡臭的氣味令人作嘔，更破壞市容，簡直不堪入目。

我與其他工人，與東莞的官員會面，並向他們指出這個問題所帶來的嚴重性。

我真的十分英勇呀，竟然還有一點勇氣，不用怕東莞的黑幫，都不用怕地方政府。畢竟，只是禮貌地要求改善一下環境，不是敏感的政治問題，我們的意見，應該會被通融吧。

不過，他們認為，環境問題，不是太嚴重的事情。也未即時會影響到自己的生活環境及身體狀況，所以他們也認為是沒有問題的。

算了吧！所謂上有政策，下有對策，中央政府早已明令要注重環境保護，一些地方官員就是愛理不理，那時又未有中紀委的中央巡視組主動調查，問題自然不了了之。結果，當年的中國就跟其他發展中國家一樣，要經濟發展，就不斷以環境為代價，污染江河大地。看看印度新德里和中國的空氣污染問題，你就知道這種只重經濟而輕視環境的發展模式，是以人民的健康和大自然作為代價。今日，中國政府推出藍天保衛戰，決心建設美麗中國，霧霾和污水等

問題已有大幅改善，民眾和官方的環保意識也日漸提高，但要將積習已久的問題徹底解決，相信還要一段很長很長時間。破壞容易建設難，自然環境當然更是這樣。

中國窮：工人才會偷電線

千奇百怪的事情陸續有來，有些工人為了幫補生計，為了多一點錢，可以去到很盡。總之就是不知不覺間，將公司的財產變成自己的財產。

當時的中國貧窮問題仍然嚴重，工人薪金是不是很低？是，只有時薪 1.5 元人民幣，每月收入只有數百元，為了改善生活，不惜以身試法。其實，工廠除了大型機器和一些原材料，值錢的東西不多。但你以為不值錢的，可能是其他人眼中的生財工具。特別是小數怕長計，一分一毫，只要是日益月累，就是可觀的收入。

經過我大力改革之後，公司的原材料存貨紀錄一目了然，久而久之，我發現廠內的電線用得很快，情況耐人尋味。為求一探究竟，我連續多晚悄悄巡廠，終於給我發現，原來有工人偷電線。

也許是昔日中國貧富懸殊，一些被無視的貧苦大眾，才會晚上偷電線。

工廠內的工人會在晚上去偷電線，當然不是偷來自己用的，而是用來賺錢。

　　他們的偷竊方法，十分誇張和專業。窮，才會急中生智。

　　在宿舍內，有一部專門用作加工的機器。工人把偷來的電線，利用那機器除去外層的軟膠保護套後，再把剩下來的銅線繞在一起，將這樣加工後的銅線出售，可以得到較高的價錢，工人就可以為工資以外的收入，多一個的收入來源。

　　當時工資頗低，難以維持生計，所以他們需要透過其他不同的途徑，來賺取額外的收入。記得我早年在香港工廠做暑期工時，在製衣廠工作時偷剛製成的衣服，在玩具廠工作時偷玩具予弟妹，可以說是貪一時之快，可以說是我這種窮人的習慣，一個國家或地區處於發展中階段時，這些行徑不足為奇啊！古人說衣食足，則知榮辱。衣食未足，自然千方百計改善生活。

工廠內的腐敗和貪污

　　以上發生的事情，已經算是比較正常和司空見慣的事情。

　　日子久了，人就會見怪不怪了。那怕有多麼不合情理的事，過多一會，就會自動習慣和適應了，阿Q精神吧。不過，如果你放任

不管，又或是被人蒙在鼓裡，事情就會變本加厲，甚至一發不可收拾，所以，我們對現況不可以只是適應，對不合理的事不可視而不見，而要學懂爭取，改變現狀。就算時勢不對，都要在心中堅持原則，不可以隨波逐流。

更猖狂的事來了，還不斷地發生，令我這個工廠領導人忙得頭昏腦脹。有些工人購買物料時，會要求供應商將價格抬高，然後一起瓜分那差額。但這只是小兒科，有一次我發現，一些工廠要購買的原材料，從供應商的貨車運送到工廠，但貨車進入工廠後竟然沒有放下材料，就原車離開了。究竟這是甚麼一回事？

更叫我驚訝的地方就是，他們竟然能夠有倉庫主管的簽收和蓋章，明明原材料都沒有送入工廠，但工廠也需要支付費用給供應商。購買材料的錢付了，但材料只是到此一遊，然後原封不動折返。

由於我作為工廠最高負責人，當然是有這個責任去處理，於是我找多一個工人去擔任質量管理一職，多派一個保安嚴加看守，看來這樣就應該可以萬無一失吧。

令我非常感到意外的是，他們竟然真的可以繼續從這個生意中，賺取不少金錢。

我本以為，可以透過聘請質量管理及一個保安，增加他們的偷龍轉鳳的難度和成本，更加可以迫使他們收手。

可是，他們竟然可以把質量管理和保安一併收買，形成一條龍服務。

發現原車來原車返的送貨事件後，我又從另一件事得知他們收取佣金的方法真是層出不窮。所謂大有大收，小有小收，最重要是能夠讓大家有金錢上的利益，你知道他們是利用甚麼方法去騙取公司的金錢嗎？

這就要從一次男廁爆炸事件開始說起。

那一天，剛好有位男同事在廁所抽煙，他把剩餘的煙頭扔到廁所的馬桶內，結果引起爆炸，炸到整個屁股受傷，正宗是屁股開花，差點還命喪陰曹，變成真正的「屎忽鬼」。

難道中國製造的貨品，真的會爆炸？馬桶也這般危機四伏？

我們都覺得很奇怪，竟然扔個煙頭就可以引起爆炸呢？那些香煙是用火藥製造？不可能，如果煙內有火藥，一點燃就會爆炸，不必待掉進馬桶時才爆。

又或是廁所內、馬桶之中有沼氣，但至今也未見有人如廁時暈倒，好像不太可能！

後來經一番追查，原來有工人把天拿水倒進廁所。

　　由於有工人收了供應商的錢，每天悄悄倒天拿水進廁所，讓工廠被迫不斷買新的天拿水，這樣可以大大增加工廠對天拿水每日所需要的用量，從而增大入貨的需求。

　　這個世界，真的是無法無天呀，連天拿水供應商，都可以這樣聯同工廠工人一起騙錢。

　　無關係，畢竟，沒有多久，我都習慣了。

我只是一個無能的經理，那有能力對抗這些千方百計偷呃拐騙的集團呢？

工廠中的男女生活

一些香港人北上工作不是純粹為了賺錢的，除了賺錢以外，他們北上工作，特別到東莞工作，其中一個目的就是可以乘機「獵艷」，昔日珠三角地區色情事業發達，工餘時光顧一下，非常方便。當然，除了包二奶、小三、尋花問柳，我們的工廠中，也有真心相愛的情侶。內地是香港「男人的天堂」，東莞就是「天堂之中的天堂」。

在工廠的工作環境內，女性工人多不勝數，而香港人在當年的內地同胞眼中是頭上有光環的富裕人士，能夠嫁給一個香港人就可以走上脫貧之路。因此，不論年紀，不論樣貌，不管是高矮肥瘦，只要是香港男性，就會大受歡迎，男士們又怎不會喜歡北上工作呢？

那些在廠內工作的男士，一些是工作狂，每天忙於上班，在香港根本無暇結交女朋友；一些因從事製造業，在香港不受要求多多和高傲香港女性歡迎；一些更是典型的「宅男」，有跟異性交往恐懼症。因此，廠內眾多的年青女工，大家日夕相對，就給他們大量結交異性的機會，日久生情，和內地女工的結婚生子，過著生活美滿，例子倒也是不少的。

不過，樹大有枯枝，何況這棵樹比正常的大得多。因為中港兩地一些情侶的家庭觀念和價值觀念，仍然存在較大的差距！

中港男女關係常會弄出大大小事的爭端和事故。輕則就女方要求男方在中國大陸買間房子給她，再不然就是叫男方承擔女方的父母所有醫療手術費用，而這些，基本上你是需要擁有幾十萬的資產，然後再將這一大筆錢轉上中國內地，才能滿足女方的要求。結果情侶變成怨偶，因財失義。

嚴重的情況之下，女方要求離婚，雙方分手後，她向男方要求每個月繳交數以萬計的贍養費，以負上責任。

騙徒詐騙手法，愈來愈層出不窮啦，防不勝防呀。

我就再舉出一些極端的例子，

例如湖南的女子需要你向她付出感情，

四川的女子要你為她付出更多的金錢，

湖北的女子則要你為她付上自己的性命。

其實就像每個區域都有不同的特色，而不同區域的女子，也會有不同的性格。

至今我仍記得一個工廠工人的經歷。故事中的女主角，也是我們工廠的女員工，當時才 19 歲，每個月的薪金連同加班費近 1 千多元。

　　她認識了一位來自香港的同事，香港同事對她一見鍾情，便開始包養她的日常生活，每個月給她一大筆錢使用，還送她手袋和給她買新衣服。她真的好像過著有錢人般生活，就像我們慣常 的那一句說話：「飛上枝頭做了鳳凰」。

　　後來她通電話時從她嫁到台灣的姊妹口中知道，在台灣有人願意出更高價錢來包養她，之後這位女同事就趁著這次機會，向香港那位同事提出更多的條件，向他苛索每個月的巨額現金。

　　最後這位香港同事都被她用了，之後這位女同事就跑到台灣做別人的二奶。

　　以上的經歷，就是講述我們工廠的其中一位的女員工，住洋樓、有錢買 LV 名牌手袋、養名貴的寵物，可以由一個普通的打工族，變成有錢人的經典例子。

北上投資的風險

　　我以前有好幾個朋友，同樣是工廠的老闆，很感恩能夠認識到他們，因為我在他們身上，吸取不同的知識和經驗。

　　不過，他們現在通通都已經入獄了。

　　他們因為欠錢、或因為與人家的結怨，甚至與人互相毆打，種種情況，多不勝數，最後是得到了一個罪名。

　　就舉其中一位朋友的經歷為例吧！他艱苦創業，努力經營東莞的廠房，可是與供應商應酬時，被人用白酒灌醉，供應商趁他醉後，迫他在合約上蓋章。

　　供應商當然沒有與朋友在生意上達成協議，但因醉酒後不清醒，糊里糊塗背負了這張合同，最後在經濟困難下，他也無法再將工廠繼續維持下去，工廠倒閉了。

　　新聞每一天都會播放不同工廠倒閉的事情，及有不少工廠因老闆跑路而欠工人工資的事情，人們會以為所有老闆皆無良，但有誰知道他們背後的辛酸故事呢？

　　時至今日，聽說內地經商的情況已改善了很多，守法意識和企業良心開始建立了，但行騙的個案始終還是有的，自己要帶眼識人，小心行事啊！

工廠賭博活動

工廠內，也有很多人會進行賭博活動，例如香港的六合彩，不過將它變成十二生肖，作為當中賭博的工具。

或許他們在工廠工作所做的事情太刻板，比較機械化的生產過程，容易令他們感到疲倦及厭惡。

也可能因為工作的方式比較單一、沉悶，所以他們會千方百計尋找一些娛樂給自己。

別小看他們只是純粹在工廠內賭博，由於工廠內進駐了一些「艇仔」，當廠內一些工人來找他們下注，並將賭博的資金交給他們後，他們會幫工人到賭場進行賭博活動。我以為只有代客泊車這回事，現在才認識到有代客賭錢的服務，眼界又增長了。

他們還會留意香港六合彩的指示及報紙報導，並留意當時常中及較少抽中的號碼，透過這些方法來猜測有可能會抽中的號碼，然後廣為宣傳，吸引工人投注。其中一種賭博方法，就是猜每一期六合彩開出的特別號碼，簡稱為「特碼」，不少莊家以此來開賭，廠內的「艇仔」就幫忙到處宣傳，招徠賭客，賠率是一賠四十賠左右，可以以小博大，所以每期都吸引很多工人下注。

例如某同事會拜託其他同事幫他買六合彩，這樣做的原因很多，如那位同事不懂得怎樣去買六合彩，又或是因工作無法離開廠房，於是就拜托他人幫忙買六合彩。

不過，代買的同事可能因個人貪念，有時會把款項據為己有，並覺得自己很聰明。但他沒有想到，最後攪出的碼號被人買中，他沒有下注去買，就需要自己賠錢，輕則賠幾千元，重則賠十多萬。有人因此負債纍纍，有人不斷問人借錢，這些情況時有發生，令同事無心做事，更有人突然間「做做下就唔做了」。有一個員工因欠人賭債，甚至要賣掉老婆去廣西清還欠款。這些我以為只會出現在香港舊日粵語長片的橋段，原來是這麼遠，那麼近！

廠裡晚黑打麻將啊、打牌啊，更是工人常見的消遣方式，當中多數有賭博成份。

賭博的價錢，大約幾千到幾萬之間，所以廠裡工人的關係，實在是千絲萬縷。有人是地下賭場的領頭人，有人做了債主，有人變成債仔而身欠巨款，有人從事貸款，總之是各有各做，各有所職。

有時可能廠內的主管黑夜打牌時輸錢，下屬勝出了賭博。結果，主管在白天時無法吩咐下屬做事，因為欠下屬的錢太多了，害怕無法償還債項，被債主聯同黑幫追數。得罪債主是很危險的。

地下賭場的一眾成員有時輸了很多錢，當然會向工廠下手，不外乎偷東西，騙錢，公司的材料、電線，都會打上主意。我自己也試過被員工問我借錢，我當然裝窮扮傻，避之則吉。

工廠也有很多千奇百怪的事，工廠內會分成很多個不同的部門，但竟然沒有一個是提供水給同事的飲用的，所以同事都是自己外出買水。

也有一些部門會大家「一齊夾錢」買飲水機，好讓所屬的部門有水喝，再不需要花時間外出買食水。

若有其他部門的同事想飲水，是需要付錢給該部門的。

也有一些主管，會要求他的下屬到其他部門替他買一杯水。下屬們也不敢違抗上司，被迫跨部門買水。問題的關鍵是主管不會還錢給他的下屬，下屬便需要用自己的金錢來購買，這樣主管在中間又能夠賺一筆了。

在中國，減成本，不付賬，取得盈利的方法，層出不窮，黃金處處，商機無窮。大魚吃小魚，小魚吃小蝦，小蝦吃微生物，自然生態就是如此，看看你是否適應。

被海關發現違規的風險

中國大陸工廠最關注的政府部門，其實是海關。與勞動局往來會比較簡單，海關出現分分鐘會令你坐牢。

有很多由香港過去內地做生意的人，不少為了公司被抓去坐牢，這些故事可能大家都不知道。大概是保密工作做得好吧！

為何會為了公司去坐牢呢？

因為他們是香港的負責人，有時向海關報稅的，是他們。

為何不是中國大陸人報稅？

中國大陸人「好醒目」，有很多小聰明的，一定不會自己報稅，要找老實一點的香港人去報稅。

責任，都屬於要報稅的香港經理，責任是屬於老實的香港人，當然不屬於聰明伶俐的中國內地人。

有甚麼情況是會抓香港人的？

比如瞞稅，本來賺了一百，賬目上變成賺了八十。

相反，有時是根本沒有賺那麼多，工廠在誇大賬目，填補來料與出料的差額。

當時北上的有不少是「三來一補」企業，做來料加工，來件裝配等工作。有時候遇上來料加工出問題，來料的數量跟出料的數量對不上數，兩者有出入，就要設法補救。香港好多物料運過大陸，再來料加工出去，但來料有時不翼而飛，少了，對不上數目，就要在換稅方面補上去。

為什麼海關會知呢？顯然是有人舉報。

有些同事被「炒魷魚」，他們會懷恨在心，偷偷去海關舉報，將證據交予海關，詳細程度可以去到很盡，資料儲存在哪一台電腦，電腦內的哪一個檔案，連開啟檔案密碼是甚麼，在舉報時都會和盤托出，鉅細無遺地告知海關人員。

海關、地方稅局這些部門，是最恐怖和嚴格的。付錢，食飯，通融下，打關係，關照一下，都無法解決問題。

中國，無人不貪？

數簿，應該放在家中，不是公司。

我曾經都為了公司，把公司的一些帳簿，放在我中國大陸的家中。

為了躲避追查，為了公司不受影響，沒有辦法。

中國有重視人際關係文化：食飯、打關係、有問題時可以通融下吧！

地方政府官員就比較簡單，食飯娛樂就可以開心尋食。

遇上勞動局、當地公安、治安單位，就要花點錢去「通融下」。

有關係、塞錢、送禮、送酒，就可以關係好一點，法律都不需要百份之一百服從，執法可以寬鬆一點。

不過，有時候地方官員都很盡責，如果工廠倒閉、當地政府是要工廠賠錢給工人。所以他們對錢，對工人的保障，有時是很緊張的。

所以廠機器一進來，就沒有離開工廠的機會。不要以為進廠了，還可以出，政府是不會讓你運出來的。這是另類的「人質」和「抵押」吧！

　　除了這一些，廢物回收是當地有勢力人士處理的。運出去，路口會有人攔住你。

　　昔日，習總未上台，地方治安不整，貪腐問題比較嚴重，在黑幫比公安強大的世界內，不想被黑幫人士，拿起大刀、豬肉刀，追你九條街，砍四、五刀。保護費一定要多，人際關係要比較好一點。這一些事情，要很小心處理的。

　　所以，想在中國工作、公幹，要小心處處都是陷阱。有同是來港工作的朋友，更會聘請保鏢，只須一千元左右的價錢，甚麼前解放軍突擊隊隊員、打遍三省無敵手的拳王、少林武僧，你都可以請得到。但他們可否保你平安，就很難說了。

　　國情獨特，國情是需要學習學習的，不要以為生存那麼容易。

　　有時還要應付驗廠，官員要求越來越多的證書和考核。

　　但是……有錢，就不用怕驗廠。

　　應對驗廠，都是一門學問。

驗廠，同時是「工廠審核」，俗稱「查廠」，簡單地理解，就是檢查工廠。

　　一般分為「人權驗廠」、「品質驗廠」、「反恐驗廠」等等。

　　坦白講，如果有一定的價錢，驗廠一般都可以通過。

　　只要有錢，懂得付錢，所有法律都可以讓步，執法都可以寬鬆一點。

　　驗廠的人，都是「很醒目的」。

　　一些事可以給他們知道；但總有一些要收藏收藏，不可以一清二楚，不能被人一目了然。那個時候，工時和工資是超嚴格的要求，為了應付，我們工廠，只能做 AB 賬，AB 賬當然是一份真實的，一份是沒有加班的假賬，即是 B 賬。

　　他們來檢查，我們就收藏好工卡、報表、關閉好郵件、特別是星期六日的工作報表，這一點最需要注意。

　　另外還要教同事背熟對白，背台詞。

　　講起驗廠這一回事，很難講下去。

認識一間玩具廠的老闆，他購買油墨時一不小心，發現全部是假的，證書都是假的。

出貨後，收錢後，貨被檢查，「唔合格」，「被彈返去」，影響交貨期跟利潤，老闆要向人賠錢。

可能賠得太多，後來接受不了，就引起上吊這一類悲慘案例。

東莞雖然窮，但都有好事

講完東莞生態環境的變化，講了一些負面的信息，也有正面的。隨著經濟發展，社會不斷進步。不文明和不守法的行為，不錯，你要去適應，但情況隨時間是有改善的。總之，明天會更好啦！

做人要有正能量，天天都是負面的消息，會很可憐，所以，講講正面的信息，聽聽正面的消息，是比較好的。

比如我去東莞的十年，東莞「發達了」，茶餐廳的味道越來越好，連鎖店越來越多。一開始，當地人連港式奶茶都不知道，現在慢慢有很多養生的飲料出現。人的生活進步、戲院多了、服裝店多了、衣食住行優質了、道路方便了、高速公路建設了、高鐵擴修了、同事工資也高了、多數都有能力買蘋果手機了。這一些進步，都是

大家付出過汗水與努力的成果。東莞最著名的生活，是燈紅酒綠、五光十色、非常繁華。

鍾意聽東莞發達繁榮的故事，還是鍾意聽東莞工廠和官員腐敗、藏數簿、食飯打關係，工廠勞工問題、拖欠薪金、請童工、環境污染排放，工人偷電線，黑幫橫行？還是鍾意聽工廠撤出東莞，習近平掃黃，手起刀落，騰籠換鳥的故事？

這是你的選擇，但當時的情況，只有一個是真相。

東莞的制度比深圳、廣州要開放，競爭也大。

當時一個女工的工資，是一千元人民幣一個月，但是夜總會工作一晚，已經可以賺一千元左右了。

人家一晚，等於女工一個月，如果你是有幾分姿色的女生，你會怎樣想呢？

夜總會工作的女生，我都很了解。

在教育道德方面，水準不高，也有瞞著家人的，但是她們的生活得到了很大的改善。

她們之中，也有些故事。

也有一些，她們不願意做，但是男朋友逼著她們去賺錢，讓他們去花，如果「唔肯」，就拳打腳踢。

她們做一段時間抑或一次，就已經無法走出來了，因為她們會被威脅將她們的事要告訴她們鄉下的父母。

男的，不是真心愛她們，男的，會賭博、打交、甚至會找其他女人。

也有些女的，是真心賺錢的、很積極、為了自己打算，會回鄉去建屋呢！

有些則很迷茫，根本「唔知自己出嚟係為了乜」。見到這一些行業，都是陪食陪飲、「玩得開心」，就繼續做下去。

很多同事，在夜總會做了一會，又跑回廠裡上班。有一些在廠裡上班，又跑去夜總會做三陪，好奇怪。

工廠內情

工時

工人在東莞工廠生產線，每天都要工作一段很長的時間。

正常來說，工人早上 8 時上班，到工廠生產線工作。

不過，他們何時結束工作？回員工宿舍休息？

理論上，他們 5 時可以結束工廠工作。實際上，他們工資不夠高，不足夠鄉下家人謀生，因而令大部分工人會加班工作，因而經

常加班工作到晚上 10 時和 11 時，才回工廠宿舍睡覺。那時候還未有勞動合同法，這些情況當然見慣不怪。

所以，正常來說，工人 8 時上班，晚上 10 時和 11 時休息，工作和加班的時間，總共有 14-15 小時。

工作 14-15 小時，中國工人為了自己的家庭，真的非常勤力上進呀！

相比起德國、歐洲和北歐很多國家，一天工作 6 小時到 8 小時；相比起美國 8 小時工作制；相比起香港公務員朝九晚五（早上 9:00-下午 5:00 或 6:00），中國工人的工作時間明顯地長很多很多。

工廠宿舍

好吧，工廠工人在工廠工作 14-15 小時，到工廠的宿舍睡覺，是甚麼一回事？

工廠宿舍，普通工人一間房有 8 張床，可以一間房睡 8 個人。

環境會比較擠迫，因為房間只有一百多尺左右，而且要睡 8 個人。

洗手間是共用的。

男宿舍和女宿舍是分開的，防止性騷擾和強姦。

工廠宿舍環境較差，設施惡劣，沒有冷氣機，會令人覺得悶氣，天氣熱時比較大問題。

工廠宿舍沒有熱水供應，也沒有暖水供飲用，更沒有暖水可以洗澡！冬天冷時比較大問題。

沒有熱水供應，怎麼辦？

難道要用冷水洗澡？會感冒呀！

聽說香港中學小學的學生，都要去一些渡假營，名為奮進營、歷奇營，實際上是軍訓和紀律訓練，很嚴格呀！香港小朋友呢，不知道工廠宿舍為何物，工廠的生活比紀律訓練營相差不知要嚴格多少倍呢。最明顯的不同是，內地工廠的保安會打人，香港歷奇營的導師最多只會迫人，罵人。

不過，宿舍沒有熱水供應，沒有冷氣，香港小朋友和家長，應該會受不住和投訴吧！我們中國工人怎麼辦好呢？

幸好宿舍的地下一層有熱水供應，所以在深夜中，工廠工人們要輪流排隊去樓下等熱水，才可以洗頭、洗澡和有熱水飲用。

　　主任級的宿舍沒有那麼差，1 房有 4 人。

　　宿舍管理方面，有人巡房，有人定期檢查宿舍，確保工廠的紀律。結果，宿舍，和監獄是沒有分別的。不過，巡房和紀律管理都有失誤，例如曾有工廠工人用工廠物料弄了一把刀出來，藏在床下底，竟然沒有人發現。

　　我坦白一點吧，宿舍窮，設備差勁，像監獄軍訓一樣，環境欠佳，感覺差。所以呢，最後我都不住員工宿舍，選擇住在樟木頭的一幢私人物業，情願一個人住，也不要在這種宿舍住了。

薪金

　　如果說宿舍差勁，員工薪金就更差勁。

　　2005 年，中國東莞工廠工人的平均每月薪金，只有 400 元人民幣，也就是一小時 1.5 元人民幣，低薪金就帶來低成本，低成本創造高競爭力，經濟就是在勞動人民的辛勞下發展上去的。

香港最低工資，以前一小時 28 元，現在 2019-2020 年，一小時 37.5 元。可是，中國勞工法律的執行和落實不太好，所以，我可以用一小時 1.5 元人民幣這條公式去聘請工人。

薪水太低，太差勁，以致不足以養活農村的家人，自己生活也好不到那裡。正因如此，大部分工廠工人是需要加班的。如果加班，上班 14-15 小時，1.5 元 x14 或 15 小時 x30 或 31 日 =600-800 元人民幣一個月。所以，工人應該會有大約 600 元至 800 元人民幣一個月。這樣生活就大大改善了。至少在那個年代，算是收入不錯吧！

之後，工廠有加薪金，但增幅一點也不大，理由是，如果薪金太高，總公司會搬廠去越南，最終會害了中國工人失業。

結果，中國工人的薪金增幅，一點也不大。

膳食

工廠請廚師煮菜，平均一個工人的膳食成本是每天 8 元人民幣。

很多工人一日三餐都要在工廠食堂進食。起初有 800 名員工，後來是 3000 名員工的早餐、午餐、晚餐，都要由工廠來應付。

早餐沒有西式早餐，沒有港式茶餐廳早餐，只有傳統中式早餐。

傳統中式早餐，包括稀白粥、油條（俗稱油炸鬼）和麵包。

午餐和晚餐有稀湯，有飯和菜，但肉不足夠。

對我來說，肉類不多，膳食中的肉類薄得很，細小到有微風也可以吹走的感覺。

幸好，到了中秋和端午，廚師比較寬容大量一點了，也許會多送一條雞腿。

工廠 3000 人，飯堂應付和收到的投訴非常多。有人說油太多，有人說油太少，有人說太辣，有人說不夠辣。原因很簡單，工人來自五湖四海，大江南北，四川和湖南人慣吃辣，南方本省民工喜歡清淡，廚房工友又怎可能滿足所有人的口味呢！

不過，為何無人投訴營養不良和熱量不足呢？我真的不明白！

想深一層，從我們香港人的角度看，那些工廠包餐實在是色香味不全，營養不均衡，但從農村人的角度來看，有菜有湯，白飯任裝，吃得飽，有力工作，已是非常難得。

相比起工廠工人，要依賴員工飯堂的惡劣膳食，主管有很多特權，可以到外面的中產商場，享用港式茶餐廳的膳食，有時候，會有韓式燒烤，有日本壽司，有酒店自助餐。

無辦法，世界不是平等的，每個人都有自己的位置。正如美國總統，權力大到可以影響全世界；一間企業的領袖，特權也會比較多。

　　結果，我食得比員工好。

　　我有酒店自助餐、港式茶餐廳、日本菜食，員工食差勁的員工食堂食物。

　　我有一千尺私人物業，員工要睡在監獄一樣、欠缺熱水和冷氣機的宿舍。

　　我有高薪，員工薪金卻很低。

　　當然，這樣説，社會大眾和普通工人感覺一點也不好，會影響公司團結，不可以在公司員工面前這樣説，説得如此直白。世界是殘酷的，但外面要有一層包裝。

　　回到香港，我簡直要痛定思痛，吾日三省吾身，改進自身呀。

工廠的經濟表現

擁有 800 到 900 名員工的玩具包裝工廠，一開始，客戶不多，訂單不夠多。

之後，玩具公司開始有創新包裝設計，新型吸塑包裝盒，十分受歡迎。後來，公司客戶和訂單多了，公司開始有賺錢的感覺。

結果，公司生意比以前好，公司有利潤，每天可以派出 15 架貨車，運貨給各方客戶。廠房由 2 幢變成 8 幢，巡視廠房要至少半日，人手擴充到 3000 人。

上司名成利就，錢多了，竟然買遊艇和法拉利，成為馬會會員。

可是，好景不常，我們公司和東莞工廠，竟然捲入某國際大型公司的版權和品牌爭議。

玩具包裝設計時，竟然抄襲了某國際大型公司的洋娃娃設計。公司內有設計師，竟然悄悄抄襲另一間公司的設計意念，因而被對手告上法庭。公司輸了訴訟，還要賠償巨款，此後營運不力，步向下坡。

至於駱駝背上最後的一根稻草，又是法律問題。要出事時始終要出事，上司面對一些嚴重的法律問題，因而令公司衰落，最終結業。

我的上司，英語能力惡劣，讀書成績比較差一點，但是英雄莫問出處，讀書好不一定工作表現好，反之亦然。沒想到，做玩具製作，訂單接連不斷，一兩年間已經發財了，成為了一個暴發戶。有遊艇、跑車，成為馬會會員，做了大馬主，雖未至於富可敵國，但肯定是財運亨通。

　　可是，我這位上司，處事的時候，經常在走鋼線，在中國法律的灰色地帶遊走。遇到問題，總愛賄賂官員，與各方打好關係，以為解決問題的最好方法就是「錢」。

　　有一天，新拍擋和我的上司出現了爭執。所謂怒從心上起，惡向膽邊生，新拍擋將賄賂一事，告上省級部門和法院。於是，上司又重施故技，賄賂那些省級官員，希望省級官員不要追究貪污行賄一事。官官相衛，有保護傘，應該還可以撐很長時間吧。

　　沒有想到，新拍擋不是省油的燈，索性告上北京法院和政府部門，繞過東莞和廣東省部門，直接到北京上訴到底。所謂山高皇帝遠，中國地大物博，中央政府怎樣英明神武，有怎樣合情合理的措施，在昔日較為落後的社會，往往難以有效下達到地方，無法監管各地所有地方官員。所以，那些自把自為的地方官最怕就是人民上訪，越級上告。這次我上司遇到的也不例外，大難臨頭了。

　　最後，廣東勢力的保護傘，保護不了我的上司。我的上司，被抓進牢房，到了大朗監獄。事隔三、四年，已經沒有聯絡。

春節和春運

對我來說，春運是一個很難理解的怪現象。

非洲有動物大遷徙，中國每逢春節，都有好幾億人參加中國版的動物大遷徙。

春運這一種怪現象，就是數以億計的農民工和城市人，步伐一致地回鄉探親，透過各種交通工具，如高鐵、長途汽車、火車，大規模地運送人們返鄉，再大規模地運送人們回到城市工作（廣東話：打工）。

為甚麼要春節或農曆新年返鄉？所謂一年之計在於春，在每一年的新開始之時，中國人都想返鄉，主要是為了家庭團聚、一家人一起食團年飯，回家探親。況且，出來打工賺錢，春節帶著各種禮物，衣錦榮歸，自然非常重視。不過，中國人如此執著回家探親、如此執著春天返鄉而不是秋天或夏天或冬天返鄉，是我，一個香港人，一個有錢人，難以理解的現象。

我們東莞工廠的春節假，與其他工廠相似，一共有大約一個月，有時是 30 天，有時是 18-20 天的假期。中國工人，大部分時候，都沒有放假。到了春節，卻要求很長假期，而且是一段非常長的時間。作為管理人員，當然要入鄉隨俗，滿足他們的願望。

春節是中國特有的社會現象，而工廠都要尊重中國工人的需要，在中國月 年二十六開始，給工人放假。

很多工人會盡早離開工廠，趕下一班車，好讓自己早日回鄉，可以盡早探望家人。有些工廠，甚至會安排專車接送工人到火車站或長途汽車站，很有人情味。

中國工人很重視家庭，才會花一個月在家人身上。如此照顧和重視家庭，是中國人民族性中美好的一面。家庭觀念重，家人情誼濃，值得一直傳揚下去啊！

在放春節假之前，工廠會舉行一個年夜飯晚會，請他們食飯，還有一個抽獎遊戲，慰勞工人。

在晚會中，員工還會帶行李一起來晚會，好讓自己在晚會後，可以快一點回鄉。

晚會中的飯菜會比較豐盛一點，之後還會有抽獎儀式，如果中獎，可以得到廠方送出的水壺，有時甚至可以送電視機。所以，即使歸心似箭，工人都會在百忙之中抽空出席。

晚會結束後，工人們就會帶同行李，一起到火車站，等車，坐火車，轉車，再返鄉探親。

還記得那個時候，也就是 2005-2008 年，當時沒有高鐵，工人也沒有錢坐飛機，就只能夠坐鐵皮火車。火車，一程再一程，多次轉車之後，也許要好幾天，或者是至少 24 小時左右，才可以返鄉探親。

回家之後，中國農民工就會在家中與家人團聚，一起食團年飯、飲酒、聊天、看電視、玩「麻雀」（或「麻將」）。

春節故事中，有一個叫我特別深刻。那是關於運輸司機和他的妻子和兒女，他們在東莞工作，家鄉在四川。他們一行人計劃春節返鄉，準備在廣州上車。沒有想到，由於大雪，火車延誤，因而在廣州火車站等了 3 天 2 夜。

結果，我和這位可憐的運輸司機通了電話好幾次，看看有甚麼事可以幫他，更主動叫他回工廠的宿舍休息。他當然沒有接受。我不明白中國人的這種執著歸家的心態，反而要員工不要執著返鄉，要求他回工廠休息一下！可是，運輸司機很執著回家，中國人，始終太在乎「家」這一個單位。

幸好，最後這位司機可以如願以償，回家探望親人。

對中國人來說，即使千辛萬苦，都要回家。家，是中國人社會和文化中最重要的。不過，不少工人在春節之後或會轉工，或到其他地方找機會，或留在鄉下多休息幾個月，充一充電，所以工廠每

年在春節後都流失不少工人，要大量招聘新工人，對我這個管理層來說，是一件很頭痛的事。

工廠員工的政治立場

這一點，近乎是常識！在中國，一定要愛共產黨，要愛中國，要有愛國主義。

中國人，很愛國，很支持和喜歡自己的領導，特別是習主席和毛主席，到中國，要尊重領導人。

所以，中國工人，自然是很愛共產黨，很愛毛主席的。

員工知不知道「八九六四」是甚麼？許多香港人聽過，但中國內地人知道嗎？我試過問一問中國內地的工人，工人都不太清楚和不知道甚麼是八九六四，有人甚至以為是抗日戰爭中的一件歷史事件。

政治就是如此這般，有人很執著，為了政治而全情投入，有人愛理不理，冷冷淡淡，各人有各人的選擇，這總比沒有選擇好。

中國人千百年來為生活而奔波勞碌，為求兩餐溫飽，只要前途有希望，只要生活不斷改善，很多人都不會理會甚麼是政治的！

我是一位好經理嗎？

作為一位經理，我稱職嗎？

如果目標是為了賺取利潤，令公司 Profitable，我是一位非常稱職的經理。生意好，多客人，上司還可以買遊艇、法拉利、做馬會會員，證明我一定是一位為公司賺取利潤的經理。

可是，公司不是社福機構，不是為了救弱濟貧而來東莞的。利潤是目標，拯救弱勢是不重要的。

公司的目標，不是改善人家的生活，給予社會福利。公司的社會責任（social responsibility），近乎是零。

老實地説，我正在管理監獄，而不是管理工廠。

現代的中國，本來是共產中國，推行社會主義，建設平均主義的社會，曾經在全國建立人民公社。可惜推行太急，人民公社吃飯不要錢，人人在公共食堂大吃大喝，與建立富裕社會的目標背道而馳，生產力沒有提高，但所有人日日大吃大喝，放開肚皮地吃，糧食問題就悄悄來了。

畢竟，當年人人一日食五大碗飯，大別大喝，消費多於生產，最終只會帶來飢荒，最後多少人因此營養不良，國家經濟倒退！[8]

結果，1976 年之後，東方不再紅，太陽落山了，毛主席和他的共產革命和浪漫主義，離開了中國！1978 年和 1992 年，鄧伯伯告訴世界，中國要改革開放，紅色共產黨要與市場經濟聯合起來。中國共產黨，暫別毛主席共產主義夢想，步向「中國特色社會主義」，步向「社會主義市場經濟」。講求效率，講求競爭，講求效益，發展經濟是最重要的時代來了。

正因如此，我管理的工廠，不會推行共產主義，沒有人人一天食五碗飯的公共食堂，沒有做又三十六，不做又三十六的平均主義制度，而是多勞多得，壓榨出勞工階層的生產力，以求取得最大的利潤。

作為經理：有甚麼做得好，有甚麼做得差？

作為經理，我比較欣賞自己電腦化和自動化的改革。電腦，由只有 3 部老爺機，變成 50 部電腦，令生產和行政系統電子化，令單據和紀錄更清晰。訂貨、退貨、出貨，數目分明，一目了然，客戶和廠方互相聯絡相關的事宜，方便而有效率，利潤自然比以前更高。

8　楊繼繩《墓碑 - 一九五八 - 一九六二年：中國大饑荒紀實》香港：天地，2008。

作為經理，我很欣賞「豐田生產模式」（Toyota Production System）[9]，這一生產模式令日本工廠豐田造車，車比以前好，利潤高，效益和效率高，浪費少，公司用人得當，士氣高。工廠採用一些良好的生產模式，將會令效率高，效益大，利潤和錢財滾滾來。

「全面品質管理」（Total Quality Management），提高生產貨品的品質、工廠的營運效率和效益，是有利東莞工廠的運作的。

作為經理，要年青，甚麼都可以試，甚麼都要嘗試改變，要勇於突破技術限制。結果，一開始，公司賺了不少錢，看起來，財運亨通。

可是，公司好景不常。我們公司和東莞工廠，竟然捲入某國際大型公司的版權和品牌爭議。玩具包裝設計竟然被指抄襲，意念跟某國際大型公司的洋娃娃設計大同小異。因而被對手告上法庭。公司輸了訴訟，還要賠巨款，公司最終衰落，結業收場。上司還被抓進了大朗監獄。

他有沒有被牢房公安毒打？牢房環境如何？這些我當然不知道，因為我未曾試過入獄，也未去過探監。

9　Liker, J. (2004). "The 14 Principles of the Toyota Way: An Executive Summary of the Culture Behind TPS" The Toyota Way: 14 Management Principles from the World's Greatest Manufacturer. Ann Arbor, Michigan: University of Michigan. P.35-41.

道聽塗説，昔日的監獄管理不太好，官員也有貪腐的現象。如果給官員們多一點金錢，送多一點禮物，也許會打人沒有那麼兇，飯菜會好一點。

　　重金厚禮，也許牢房有一部冷氣機，有電視看。

壓榨和剝削員工的經理？

　　如果要抱怨我這位經理最失職的一面，就是壓榨和剝削員工。

　　我是一位奴役員工的人，是一個藉此得到大部分利益和利潤的管理層。

　　在住方面，員工一間房 8 個員工，居住空間不足，沒有熱水，也沒有冷氣。

　　在食方面，員工膳食惡劣，肉量不足，營養不良，是多菜少肉的環保餐。

　　工作方面，工人每天要工作 12-16 小時，一星期要工作 6 天至 7 天，甚至要付出一段更多更長的時間到工廠的工作。休息和如廁的時間，一點也不多。

幾乎過勞死，才可以得到極為低微的薪金，時薪只有 1.5 元人民幣一小時。

感覺上，我像是管理監獄多於管理工廠。工人每天忙於工作，閒時少有娛業，只為生計奔波。

環保方面，很多東莞工廠排污不合標準，排放化學污染料到附近水域，是我，作為經理，非常不滿的事情。

我經營的工廠，和歐美世界社會學所提及的「血汗工廠」（Sweatshops），是沒有分別的。

壓榨和剝削員工，是誰的錯？

也許地方政府和官商集團的縱容和保護網，是有錯的。

也許自己和上司的管理風格，是有錯的。

不過，我認為美國和歐洲為首的西方客人，是造成這一切的勞工問題的罪魁禍首。

西方，也就是歐美社會的客人，經常要低價和壓價，喜歡 Race to the Bottom（競低遊戲），喜歡全球分工和生產線全球化，造成了這一切。他們，應該要承擔最主要的責任。

蘋果賺大錢，台資富士康生產線賺大錢，源於員工的超低薪和超時工作，源於工廠宿舍的高壓管理。結果，也許是工廠工作壓力太大了，也許是工廠時薪太低了，謀生的壓力太大了，跳樓跳死了十幾個人。[10] [11]

　　郭台銘先生和 Apple，富可敵國，但 iPhone 和錢財的背後都是血與汗。當然，我經營的工廠，玩具包裝背後，沒有血，但都有很多汗的。

　　Fair Trade！Fair Trade！公平貿易，也許會給人家一個較為人道的價格。

　　問題是，一杯 Espresso，20 元，60 元，80 元，作為消費者，你會選擇哪一個？

　　人性本貪婪，喜歡壓價，貪便宜。

　　公平貿易，勞工權益，出了半斤力，取回八兩錢，是困難的。

---

10 Chan, J. (2013), 'A Suicide Survivor: The Life of a Chinese Worker', New Technology, Work and Employment 28(2): 100-15.

11 Pun, N. (2005), Made in China: Women Factory Workers in A Global Workplace (Durham: Duke University Press).

豐田生產模式 14 大原則

以下關係到 Toyota Production System 和「豐田生產模式」的書和資料，來自 Liker, J. 在 2004 年所寫的 The Toyota Way: 14 Management Principles from the World's Greatest Manufacturer。[12]

我認為豐田生產模式的 14 項大原則，是很重要的。

第 1 原則：有長遠的目標和志向，遠大的目光和視野（Long-Term Philosophy）

用長遠的觀點，制定決策，決定方向。即使短期內難以達到，都不應輕言放棄。人們需要目的來尋求動力和設定目標。有志者，事竟成，有目標，才會令企業有未來，驅動自己業務擴張，驅策自己向未來發展。

知道嗎？這一點，很困難呀！很多原則、理念和目標，其實來到現實，有很多挑戰和問題。很多人入職企業的時候，也許只是混世、貪一份薄糧、等錢用、胡裡胡塗不經意地拿錢用，那有那麼遠大的理想和理念？我到東莞的時候，如上所述，只是要養家、賺快錢，那有想那麼多？

---

12 Liker, J. (2004). The Toyota Way: 14 Management Principles from the World's Greatest Manufacturer. Ann Arbor, Michigan: University of Michigan.

能夠有原則、有企業目標和志向的企業家、經理和行長，實在是難能可見，值得尊敬的。

第 2 原則：正確的步驟會產生正確的結果（The Right Process Will Produce the Right Results）：發現和改變企業的問題，減少生產線上的浪費

一個持續的步驟、工序、程序、生產線的問題，需要盡早發現和發崛出來。

通過連續的改進、重新設計、改革、公司改革、企業改良，就可以增加生產的效益。

生產步驟的改革，需要以消除浪費為目標。消除生產上的浪費，改進生產線上的效率，才可以增加企業的效益。

浪費，是需要消除的。根據豐田生產模式的理論，是有七種類型浪費需要消除的：

1. 過度生產
2. 等待
3. 不必要的運輸
4. 過度加工

5. 過多的庫存

6. 不必要的移動

7. 缺陷

我需要誠實一點吧，來到東莞，還要加第 8 項需要節省的浪費，也就是「貪污」。

我們還需要節省貪污、挪用公款、請官員食飯飲宴飲酒等等所帶來的浪費和成本。將企業的天拿水倒進馬桶（藉機迫使企業買更多天拿水）、偷電線、偷企業物料弄一把刀出來砍人，都是成本和浪費的增加。

控制貪污成本這一點，根據我國的特殊國情，應該是困難的。

第 3 原則：使用「拉動」系統，避免過度生產。

使用「拉動」系統，避免過度生產。

一個步驟會發出信號給上頭説，需要更多原料的方法。根據下一步操作，發出需要的信號，拉動系統，只會生產恰好多的原料。

要消滅過度生產這一步驟是必須的。

第 4 原則：均衡生產（平均化）和減低浪費

均衡生產（平均化）。

這一點可以實現把浪費降到最低，不會給員工和設備帶來過度的負載，也不會出現不均衡的生產水平。

第 5 原則：產品素質是最重要的，因而要在問題出現時，停下來，解決問題

建立一個停下來解決問題的系統，在第一時間把質量做好。

質量優先，千萬不要偷工減料，不可以豆腐渣工程，不可以得過且過，不可以像胡適先生所譴責的差不多先生一模一樣，不可以每個工序和程序的過程藉機偷東西、減成本、收費、偷工減料，而是要真的像日本人一樣認真地造好一個商品，精益求精，將最好給顧客。

豐田生產體系中的任何一名員工，都有權停下生產，報告發現的質量問題。

所以，我都要求我的東莞印刷廠，產品素質精益求精，但其實我經常不滿印刷的素質。我總是有一種員工想欺騙我、得過且

過的感覺。我有時會覺得，印刷品有問題、錯誤、差錯，但他們沒有盡力改善。

第 6 原則：把任務和生產過程「標準化」，是持續進步和賦權給員工的開始

儘管豐田採取的是官僚體制，但是操作的方式，是允許系統相關人員的不斷反省，他們容易不斷作出改進，需要賦權給員工來幫助促進公司的成長和進步。

第 7 原則：親身檢查、肉眼檢查，確保沒有問題隱藏起來

採用肉眼檢查，確保不會有任何隱藏的問題。

這一原則包含的是 5S 程序－這些步驟用於提高所有工作場地的效率和生產能力，改善整個工作環境。

5S，包括 Sort，Stabilize，Shine，Standardize，Sustain。

- 清理（Sort）：把垃圾和浪費的物料加以清理
- 有序（Stabilize）：任何東西都有自己的位置，必須要有序工作，有紀律地按章工作
- 整潔（Shine）：保持場地的清潔

- 標準（Standardize）：制定規則和標準的操作流程
- 持久（Sustain）：維護整個系統並持續改進

第 8 原則：生產過程，要利用可信和可靠的過程

在生產過程中，只給你的員工，採用可靠的、可信的、經過充分測試的技術。在中國製造的世界，就只求多福了。生產線零件和機件故障，是我經常害怕事情。

第 9 原則：培訓新一代領袖

培養新一代的領袖。勞力工作、有效益、有效能、有原則、有事業心、有願景、盡心為企業、負責任，並且有領導能力和良好人際關係，帶動別人去做到最好、精益求精的領導者，對企業是重要的。

是不是很困難呀，因為我很害怕自己和自己旗下的員工會不合格。

第 10 原則：建立優質團隊

培養符合企業理念的員工和團隊。

團隊應該有 4 到 5 個人和無數的管理要求組成。

成功取決於整個團隊而不是個人。

有團隊精神、無私地奉獻一間企業，那怕過勞死，還需要服務企業，是不是苛刻和困難一點呢？不過，日本正是因為團隊精神、勞力工作、認真工作，因而成為一個很富裕的國家。中國人，有一點困難吧，我們要多學習、加把勁和勞力吧。

第 11 原則：尊重生意上的合作夥伴

尊重你的合作夥伴和供應商，幫助他們進步，盡心盡力地服務他們。

豐田對待供應商和對待自己的員工差不多，對他們提出更高的目標，並幫助他們實現。豐田提供跨職能團隊幫助供應商發現問題解決問題，這樣他們可以做得更好。

第 12 原則：親身到現場理解，是對學習來說，最重要的

親自到現場查看問題，微服出巡，以充分了解整個情況。

豐田的管理者都要求到現場查看情況。

不親自體驗現場，管理者對怎麼改進，都沒有任何概念。

管理者還必須奉行 Tadashi Yamashima（豐田技術中心總裁）的十條管理原則：

1. 明確最終目標。
2. 自己的和別人的分工清晰明確。
3. 根據經過確認和證明的信息和數據討論問題。
4. 充分利用別人的智慧和經驗發送，收集和討論信息。
5. 實時和別人分享信息。
6. 經常的匯報，通知和請教。
7. 量化分析了解你的能力上的不足。
8. 永不停息的改善。
9. 跳出來看問題，或者是超出常理和標準考慮問題。
10. 時時注意保護自己的安全和健康。

第 13 原則：決定前，細思慢想；決定後，要速戰速決

做決策的過程要慢，要通過協商協商，充分考慮每個方面，防止失誤，考慮得更周全。決定後，要果斷執行，要快速地執行，不能拖拖拉拉、拖泥帶水。

下面是做出決策的步驟：

1. 實地確認發生的問題
2. 確認潛在的原因
3. 考慮一系列解決問題的辦法
4. 成立解決問題的委員會
5. 使用有效的交流工具

第 14 原則：持續學習、持續反省和持續進步，形成一個願意改進的企業和群體

通過不停的反省和持續的改進，形成一個學習的整體。

形成持續學習的整體過程，包括批評一個人和一個團隊做的每一個方面。確認問題根源，並解決問題的技術包括：

1. 最初發現問題
2. 弄清問題
3. 確定問題發生範圍或原因
4. 調查根本原因（5 個為什麼）
5. 對策
6. 評估
7. 標準化

在我的東莞工廠，豐田生產模式……

　　豐田生產模式，簡單地説，就是做人要有願景，要認真，工作要精益求精，不許馬虎、浪費時間和物料，而企業需要鼓勵反省問題和改革。團隊和領袖要認真、勤力、有願景，願意改變和反省問題。在東莞工廠勉強地執行，生產流程和效率還算可以，但缺陷是，貪污、偷工減料的文化，會把這一切毀滅，將企業的成就毀於一旦。

　　偷天拿水，倒進廁所中，好讓企業不斷買天拿水，讓天拿水供應商大賺我公司一筆，是不是讓我企業的成本增加了？

　　偷電線，偷企業物料弄一把刀，怎樣去確保員工基本的紀律和企業的基本運作？

　　請官員食飯、出席飲宴、飲茅台、食山珍海味、去卡啦 ok、找女人，過程是我和我上司請客，一晚飲宴大約要花一萬元人民幣，一個月十幾次飲宴，營商的額外成本有多大，可想而知。

　　如果設計師在設計時，抄襲別國的洋娃娃品牌，被人控訴和勝訴，以致損失慘重，你説怎麼辦？

　　最後，企業都是毀於貪污的，我上司的貪污罪證，被上訴到中央法院，要坐牢，你説怎麼辦才好呢？

　　所以，克服貪污和司法不公正，對中國來説，是重要的。

包二奶

　　事先聲明，讓我澄清一點。作者，也就是我，沒有「包二奶」，也沒有「小三」，沒有對不起妻子（廣東話：老婆）和子女，自己應該是一個會盡家庭責任的人。

　　不過，港人北上，「包二奶」，找「小三」，是當時的一個流行現象，是探討中國社會的人應該要研究和了解的範疇之一。

　　所以，就算很多保守的人認為寫這種題目，實在是傷風敗德，但我有義務書寫和記得當時發生的東莞往事，港人北上找「小三」的舊日歷史。

「黃色事業」和「包二奶」，是兩個概念。

黃色事業，即是性交易，或者是嫖妓。

黃色事業（廣東話較為粗俗，叫做「叫雞」、「援交」和「援助交際」），也就是社會學「政治正確」語言體系中較為文雅的講法，也就是「性工作」（Sex Work）。黃色事業，在中國，是非法和犯法的，是地下運作的。一旦被發現，輕則行政拘留和罰款，重則勞改、入勞教所或長期坐牢。

不管如何，黃色事業，我會在下一章詳細地講下去。

至於「包二奶」或者「小三」，不是一夜情，付錢後，得到月黑風高下的歡愉，而是一種長期的感情關係和經濟上的互相依賴。

所以，黃色事業是一晚的服務，包二奶，找小三，是長期的感情關係和經濟上的支援。

這一章最主要是講述「包二奶」和「小三」這個方面的東莞社會現象。

香港人北上工作、投資和尋找中國的機遇，北上時，發現和認識了中國的女子。想想吧，香港自己的髮妻，比較沉悶、煩厭，生活管束多。不過，北上到了中國時，發現中國的女子反而比較可愛、

比較沒有那麼煩厭，照顧比較周到和體貼，難道就不會上當，包二奶，找小三，偷偷地背叛髮妻，找第二個女人嗎？

男方需要小三溫柔體貼的照顧，需要一種沒有妻子看管的自由，而女方需要男方的金錢支援。

你情我願，男方要女人，女人要錢，雙方就這樣開始了一段長期的感情關係。

包二奶，找小三，在廣東地區、中國，相當流行，以致東莞和深圳，有一些地方，叫作「二奶村」，成為二奶聚集、找情夫的地方。當然，這種地方，會讓性病流行，會增加公共醫療的負擔。

二奶有幾種類型。

第一種，只是單純肉體上的接觸。在交易之下，一齊生活，男人供養，給她錢，而女人願意和他短期相處。

第二種，真的有感情，長期相處，男方經濟上供養女方，而且雙方的關係有一段很長的時間。香港家庭、子女和妻子，相處比較煩厭、苦惱和困擾時，夫妻家庭關係很差。因此，即使中國女人和香港男人文化差異大，但比較容易相處。女方柔順、體貼、噓寒問暖，男方自然會喜歡，兩人因而有了相處，有了感情，將情感放在二奶多於妻子身上，甚至可能會誕下兒女。

包二奶，價錢要多少？如果正常來說，要 3000 元到 4000 元才可以包二奶（1995 年到 2008 年左右，價錢應該是 3000 元，或者是 5000 元至 6000 元，由於通貨膨脹，現在 2-3 萬都應該不能夠擁有小三了）。只要提供食、住、錢，女人才跟你。後來，台灣廠家和台灣人加入，來東莞投資和設廠。台灣人很有錢，結果，連台灣人都跑來包二奶，價錢有時會上升到 10000 元。

很多時候，男方和小三，都在工作環境、餐廳、夜總會、路邊上認識。女方投懷送抱，男方願意給錢，就開始了這段關係。

一開始，關係應該會不差，女方溫柔體貼，與男方展開了友情關係，甚至會同居。

可惜的是，相處日久，認識良久，世界就會變天，女人就會變臉。相處時間長了，女人就會來一個「四川變臉」。女方就會說，家中有人要做手術、祖屋塌了要錢才可以修補，之後就問男方要錢。輕則十萬，重則二十萬，總之相處時間長了，女方就開始叫價，要錢。

如果有人給更高的價錢，就會馬上離開，跑去找第二個男人。

有一些女人，會同時有好幾個男人，這樣才可以多收幾筆錢。有些二奶藉此積累一大筆財富，有能力購置房產，開始可以過挺直腰板的生活，在感情上有更多自主權。

我有沒有認識任何「找小三」的老朋友？當然有，有一位朋友，認識一位工廠妹，與工廠妹發展了另一段情感。包養二奶的男性不一定是大老闆，也有那些一個月收入才幾千塊錢的「打工一族」，像我認識的一些同事和朋友。

　　要花的錢是多是少，很難一概而論，他們包養的大多是從農村、鄉鎮來的打工妹。

　　老實一點吧，工廠妹其貌不揚，樣子沒有想像中的那麼好看，身材一點也不好看。

　　再坦白一點吧，我認識的大部分，甚至是所有的二奶，都是樣貌平平，身材也平平的。

　　如果是這樣，為甚麼要找這位工廠妹？主要的理由是她們來自農村，有一些比較淳樸，習慣艱苦的生活，比較容易相處，跟香港嬌生慣養的港女不同。而香港男士家中的妻子可能非常煩厭，一開始認識還不差，但相處時間長了，就感覺很差，覺得自己生活不自在，不喜歡自己的生活受人監管和監督。所以，到了東莞，認識新女人，那怕其貌不揚，覺得相處關係比較好，對自己的照顧較為體貼，就自然會喜歡上對方。

　　也因此，當二奶或小三不是年輕漂亮就可以的，關鍵就是要有男中眼中良好的性格，不要煩，不要囉囉嗦嗦，讓男人覺得舒服。

因此，二奶或小三的ＥＱ一定要好，要好好管理自己的情緒，壓抑自己的脾氣，不要憤怒，不要有怨言，不要麻麻煩煩，有時甚至忍受男方的情緒宣洩。很多人男人會肆意向二奶或小三發脾氣，甚至大發雷霆。如果二奶或小三未能忍耐，這段婚外包養關係就岌岌可危了。

沒有多久，這位朋友就和小三一起生活。到了後來，更加買了價值二十萬的樓房，與小三共度幸福的生活，很少理會身在香港的髮妻。

不過，十年之後，他與小三的感情日淡，因而浪子回頭，回到香港髮妻身邊，回到香港家庭生活。算是十年一覺東莞夢吧！

至於小三呢？這位朋友，只能夠將位於東莞的那層樓房，送給在東莞認識的那位小三，作為分手的方法和報答的恩惠。

那位朋友，怕不怕妻子指控自己不忠？怕不怕妻子發現？怕不怕妻子發現疑點之後，叫私家偵探跟蹤？怕不怕妻子買兇到東莞殺了小三？怕不怕妻子送上離婚信？

一旦發現，就是大事了，離婚自然是免不了。有一些香港的女士，為了保持家庭完整，為了照顧小朋友，加上自己沒有經濟基礎，難以獨自生活下去，因而隻眼開，隻眼閉，任由男方找小三，都不理會男人，自然就會令男方輕易地過關了。

更重要的是，妻子傻，男方當然不怕啦！認識了小三已十年，髮妻都末有親自上過東莞一探究竟，又沒有布下線眼，丈夫自然就能成功瞞天過海了。所以妻子多疑有時會令丈夫煩厭，但是沒有疑心，隨時自討苦吃，被人蒙在鼓裡。大家有留意娛樂圈新聞，就會知道很多香港男性明星北上拍戲，女朋友或妻子會突擊北上，來一個突擊檢查，原因就在這裏。聽説某大喜劇巨星就是這樣被發現在酒店房內有其他女性，與女朋友分手收場。

　　世界上，大部分的壞事，都可以瞞天過海，作為男人，真幸福。渡邊純一先生《失樂園》當中的婚外情環節，泰半都是沒有人發現的，男人的東莞歡樂時光，自然是風流快活而無從稽考了。

黃色事業與夜生活

　　免責聲明：我本人，也就是這本書的作者，在此宣佈和發誓：我是一個負責任，有兒女、有妻子、有家室的男人，從一而忠，在東莞或中國，沒有任何小三和二奶，都沒有對其他女人有任何非分之想，也沒有要求女方提供性服務，也沒有接受任何的性服務。

　　家庭是人類社會最核心和珍而重之的價值，而這本書的作者，不會破壞家庭，每個星期的星期天都會記得神的話和教會的教導，也會謹守人類社會對家庭父親的倫理規範，愛妻子，對兒女負責任。

　　這本書的作者提及的所有東莞性生活現象，全部是東莞朋友告訴我的，而我沒有涉入其中，都沒有非分之想。

　　東莞的女人，我沒有碰，沒有摸，沒有言談間的性要求，都沒有暗示任何性要求。

　　這本書當中的東莞性生活，作者只是介紹朋友所簡介的一切，好讓好世人研究研究，但沒有參與其中。

　　既然可以談到東莞的「小三」和「二奶」，當然要進一步談一談東莞的黃業（黃色事業）和夜生活吧！

　　為甚麼東莞的黃色事業和夜生活發展得如此快速？

首先，外資湧入，台資台商、港資和外資湧入，台灣、外國、香港的商人都來到東莞，自然會令黃色事業得以生存和發展。[13] 中國的黃色事業，要發展，不能只靠供應方，都要看需求。有需求，才需要大量供應。沒有外國、香港、廣東本地和台灣的需求，那有那麼多女人供應給各位大男人主義者？

另外，當年中央政府未有像今天的雷厲風行，令地方的不法份子有機可乘。由於國家法律明文禁止賣淫嫖娼，所以東莞娛樂場所和色情事業主要依靠地方政府、公安當局內部人員的庇護而生存，東莞更因色情業盛極一時被戲稱為「性都」。當時東莞無王管，山高皇帝遠。黃、賭、毒、黑，只要警察收錢，只要關係網和保護傘夠強大，警察就自然不會執法。所以，有法律禁止黃色事業是一回事，但保護傘夠多、關係網大，法律的執行，都不需要那麼嚴格，甚至不需要執行。有人估算東莞地下色情業和其直接、間接的關聯產業，每年產生經濟效益近 500 億元，利益當前，貪污問題當然由此衍生。

江湖傳聞，已經落馬的中共東莞市委原常委、統戰部部長王檢養就是與東莞色情業有「權色交易、錢色交易」；廣東原副省長劉志庚就是東莞色情產業的「保護傘」，劉志庚私底下更稱梁耀輝為「哥」，也不敢得罪這名色情業「大哥」。更誇張的傳說都有，直

---

13 東方日報（2015-5-27）《新聞背後：東莞淪性都 莞式服務成淫業標準》
　　https://hk.on.cc/cn/bkn/cnt/news/20150527/bkncn-20150527105444740-0527_
　　05011_001.html

指多年以來，太子輝的酒店在東莞之所以能夠以賣淫獲利無數，背後的「保護傘」就是周永康。我等小市民，怎會知道這些傳言的真真假假？但淫業背後有官員包庇，應該是常識啊！至於他們是誰，自然無從查證。

當然，除了政治和社會問題，中國女性窮困，工作換回來的錢不夠多，部份不惜出賣肉體和姿色，才可以改善生活，這是她們思想的掙扎。在工廠，做一段很長的時間，那怕是 12-16 小時一天，換回來的錢，都未必足夠大幅改善自己和鄉下家人的生活。在我的東莞工廠中，我給工廠員工的薪金，只有時薪 1.5 元人民幣 1 小時，員工的謀生和養家壓力很大。相反，出賣肉體和身體，出賣自己的美色，反而可以多賺一點錢。

其實，從事性服務工作的小姐有時也很矛盾。一方面，她們想繼續在夜場工作，希望一切可以照舊。她們以前在工廠工作時，每月能賺取一千元左右。在色情行業再怎麼樣也可以掙到近萬元，從一開始就可以賺十倍以上。如果做得好，收入更會不斷增加。不過，色情行業是一個殘酷的行業，很多女孩 15、16 歲就入行，被迫笑臉迎人，背後都很辛酸。她們會說，一些男人真的很可怕，他們不把女孩當人，讓人在這處待不下去。開始投入性工作時，很多女孩都哭了。不過在金錢的誘惑下，慢慢適應了，從新「振作」起來，繼續努力「工作」。

她們這一群在東莞的性工作者，除了例假和流產，幾乎每天都要工作，經常還會面臨被虐待的危險，慘受陰道撕裂等的工傷。

正是因為中國女人需要錢擺脫貧窮，正是因為中國東莞地方政府和警察的縱容，中國的黃色事業開始起步了。

黃色事業，根據朋友的說法和自己的記憶，大概有幾種類型，當中包括：

1. 髮廊
2. 流鶯
3. 溫州城
4. 小店
5. 廠妓
6. 桑拿
7. 夜總會

髮廊

髮廊遍佈深圳、廣東省各地和東莞。在深圳「二奶村」，俗稱「三沙一水」（上沙、下沙、沙咀、水圍村）的地帶，都有不少髮廊。

髮廊，表面上，是為了理髮。可是，進去的時候，地上沒有掉下來的頭髮，也沒有需要剪髮的客人。

旁邊坐滿了女人，衣著暴露和性感。這些女人一點也不年輕，一點也不老，不年輕也不老，只是中年，大概三十歲到四十歲左右。

　　原來，現在剪髮，賺的錢不夠多，服務要多元化，才可以生存。情況就像售票機，只賣汽水，賺的錢很有限，服務多元化，有汽水、烏龍茶、橙汁、蘋果汁，才會有更多顧客欣賞你的服務。所以，單純剪髮的剪髮店，應該不到數個月就已經要關門大吉，要多一點不同的服務，反而會營運時間長一點。

不過，假如你真的是一個認真和老實的人，如果你真的只需要剪髮和洗頭，不需要多餘而多元化的服務，會怎麼辦？

他們，喔，對不起，是她們，也許真的會認真幫你剪髮、洗頭。剪髮和洗頭的同時，念念不忘推銷其他服務和項目的重要性。女人可能會一邊剪髮，一邊用胸部在頭部附近，上下左右的移動，將胸部壓在男人的頭部，向男顧客暗示其他服務的存在和得益。

沒有多久，也許會幫你脫鞋，為你的腳部進行按摩。

假如客人還未明白和猜得透言下之意，怎麼辦？

很簡單，把說話說得直接一點：「樓上有房間，有按摩，有沒有興趣？」

這個方法，就可以暗示性交易，把話說得直接一點，但不會讓客人和自己的處境太尷尬。

髮廊的性服務，大約要 200 元到 300 元左右吧！比起簡單的剪髮，多元化的服務，利潤應該會倍增。

停一停，我們也許要回到三沙一水這個地方看看。在深圳「二奶村」，俗稱「三沙一水」（上沙、下沙、沙咀、水圍村）的地帶，都有不少髮廊。

在沙嘴村，在長約 1 公里的 3、4 條主要街道上，每到晚上 8、9 點，幾公尺寬的小巷子就擠滿了上百名穿著性感的女子，成了「人肉超市」，看上哪一個就可以帶走。還有滿街的「保健按摩、洗浴中心」等，這些大型店面有大批的女孩等著排隊服務男客，每家至少都有上百名按摩女。[14]

不要以為所有人都是高薪社會學講師和研究生，跑來了解發生甚麼事情。女人很窮，很需要錢，不想在鄉下過窮困生活，才會讓男人奴役她們。

這些地方，治安都比較差，偷竊、追斬、黑幫活動自然都是泛濫的。[15]

可是，樹大招風，得罪了當地官員，就會招來惡報。當地警方經常留難、排查、拘捕，三沙一水，就走向下坡了。[16]

---

14 文匯報（2007-9-14）《深圳「三沙一水」蕭條了》
   http://news.wenweipo.com/2007/09/14/IN0709140098.htm
15 蘋果日報（2006-4-17）《港人蒲點變行劫黑點》
   https://hk.appledaily.com/local/20060417/TADD5BZLTLGQJO5WLOYLROWOIU/
16 東方日報（2014-5-19）《深圳再掃黃 傳拘港人》
   https://orientaldaily.on.cc/cnt/china_world/20140519/00178_042.html
   文匯報（2007-9-14）《深圳「三沙一水」蕭條了》
   http://news.wenweipo.com/2007/09/14/IN0709140098.htm

流鶯

相比起髮廊，流鶯會比較年輕和直接一點。

流鶯通常會站在街邊，多是十幾歲到二十歲的少女，可能甚至會有未成年少女。她們投懷送抱，衣著性感，男性的性慾望也許會大一點。

這群人，經常有新人加入。一旦女人無錢，就會加入，跑進去。

想想吧，鄉下妹，工廠工作，賺錢不多，工作辛苦，工時長，鄉下和自己難以過活，非常容易被解僱。教育程度不高，無法找更高薪、更有價值的工作。律師、醫生、科學家、教師這類工作都無沒有能力勝任，賺的錢不多，怎會有能力用正常的方法向上流動？

與其在工廠浪費時間和青春，她們決定跑入性行業，滿足男性的性需要。

流鶯，站在街邊，一旦有男性喜歡，願意付錢，就會投懷送抱。

有一些流鶯會安排三層樓高的村屋作地點，房間內陳設簡單。女人很窮，怎麼會有五星級酒店總統套房，怎會有豪華別墅？房間很簡陋而已。房間內有避孕套、床，和沒有熱水的洗手間。客人喜歡女方，就會上房，上床，脫掉衣服，總之任人魚肉。

　　100 元到 150 元，應該是較為便宜的。在很多情況下，也許會貴一點。

　　不要以為這種地下的性行業不普遍。

　　有一次，我只是買汽水，好吧，重複一次，我是一個正直、老實和正常的男人，所以我只是買汽水。這間士多店，或者是小店的老闆娘，是個非常老邁的老女人。我一邊買汽水，她一邊問：「需唔需要女人？」

看看，連小店店主都不會放過男人。東莞性都，又怎會放過任何一個前來的大男人？

近日，看 Youtube 留意到大鏢客的影片。[17] 發現中國四處各地，廣東內陸、湖北武漢等地，都有不少類似流鶯的性工作者。她們會成群結隊，站在街邊或坐在街邊，招呼男性，希望男性接受性服務。

她們的經濟處境必然不太好。

她們站在街邊和窄巷，環境不太乾淨，位置偏僻，旁邊的房子簡陋和破敗，店舖要不是停業關門拉閘，就是看起來一點也不好，像是巴西首都郊區的貧民窟，想必是經濟處境不太好。[18 19 20 21]

我個人認為，很多人會很害怕走入這些窄巷，因為走入這些窄巷，感覺很差。被人偷竊、綁架、綁票的可能性很高。

傳統女性，有正常收入，怎麼會投入性行業？性行業，是社會

---

17 大鏢客 -YouTube
https://www.youtube.com/channel/UC0PFrnqzNfl5uamJZU3IkVw

18 YouTube：珠三角现存扫街场子实拍
https://www.youtube.com/watch?v=fTloaFWP9iU

19 YouTube：深圳，珠海，江门扫街
https://www.youtube.com/watch?v=hyfM5j5ZxRo

20 YouTube：郑州扫街探店实录
https://www.youtube.com/watch?v=qFaOJGY_KNs

21 YouTube：东莞，深圳，广州扫街深度发掘
https://www.youtube.com/watch?v=adlPUp4H2fQ

中難以接納的工作，任由男人魚肉（大部分男人不是情聖），女人會害怕社會中人人看不起自己。女人，生活非常艱苦，才會投入性行業賺取這種另類的金錢收入。

中國當時處於發展中階段，貧窮問題在農村很普遍，廣東內陸和中國內陸像非洲，人民低收入，生活得不好，想到五光十色的城市尋找機會，才會有成群女人跑出來，投入厭惡性的性行業。

我個人難以理解這些女性，為何不像南韓和日本女性一樣，化妝、瘦身、整容，才出來獻身。

直白一點吧，有一些女性看起來很美，但百分之九十，看起來像豬排，肥胖而樣子不好看，連化妝和瘦身都忘記，怎樣出來投身性行業？

根本沒有男人選你，這群肥婆，壓價到一百元到二百元都不會有人選你[22]，為何不花多一點錢，把自己打扮得像美女一樣？

也許是無錢，才沒有花時間，也沒有能力去好好打扮吧！

在窄巷之中，環境惡劣，匪盜橫行，治安不靖，環境一點也不好，那有人心情好，跑進來？在這條窄巷擺賣自己的身材，是劣策。

---

22 YouTube：南京连扫七地三次记
　　https://www.youtube.com/watch?v=0BXf1ca2yVM

這位大鏢客，不嫌人窮，不怕窄巷有匪盜，衝入貧民窟，找一大堆豬排，令人費解。

坦白一點吧，跑進屋內，上床，衛生環境惡劣，房子簡陋，環境一點也不好，容易滋生性病，HIV、艾滋（AIDS），最終恐怕會害死自己。

艾滋病 AIDS，世界上仍是不治之症，沒有藥可醫，沒有疫苗可以使用，何大一的雞尾酒療法，食一大堆藥，不過是延長痛苦，增加副作用和癌病風險，病入膏肓，痛苦地續命一會，到頭來都是艾滋發作，免疫系統淪陷，百病纏身，痛苦地病死。

如果是這樣，不如挑環境好一點的地方，接受好一點的服務。

溫州城

溫州，本來是一個福建省的城市。店舖老闆是福建人，負責一些簡單的按摩服務。

當然，停留在按摩服務本身，沒有多元化的項目，倒不如 4 個月內倒閉，回鄉下從操舊業。

按摩，其實暗藏不同類型的服務，也就是手淫，男人可以摸上摸下，魚肉女方，男人如果對女方有好奇心，可以摸上摸下，直到所有地圖上的所有地方都摸完，才付款。

加入溫州城的，是年輕的少女，非常年輕，甚至 17-20 歲都有。

在我眼中，溫州城收取 30 元到 50 元，不一定是有錢人士或老闆階級滿足性慾的首選，連一般平民和工人都可以加入。

小店

東莞黃業發達，一般小店都不可以放過。

年輕貌美的在酒店桑拿工作，至於收入，一般每年二三十萬沒問題，看看在哪個場子，樣子是否漂亮，我聽說過有小姐一年賺上百萬，但當然是個別例子。

酒店等地屬中高檔會所，小姐永遠是年輕貌美的，年紀大了，或是樣子平平（工作過勞而走了樣也有），只能到其他中低檔場所去服務，或者到一些小店等候機會。東莞地區的黃色事業的產業分佈甚廣，小店也是經營場所。這類小店可說很隱秘，又可以說是無處不在，在街上閒逛，隨時會發現這類小店，可說是梗有一間在左近，失驚無神，叫你有新發現。

小店舖，坐滿女人，閣樓樓上有性服務。只有木板床，衛生環境非常惡劣，容易有性病。

廠妓

東莞是製造業的重鎮，所以，東莞有大工廠，工廠都很多。

女工人，其實很窮，需要同時兼任多職，才可以生存和得到三餐溫飽。

為了多賺一些錢，唯有成為女工的同時，兼任妓女，服務同事。

廠妓，意思就是女工人，同時是服務工廠同事的妓女。

一人兼任多職，還要服務工廠那麼多男人，真辛苦。

錢作怪，真的沒有辦法。

我作為工廠的經理，有責任管理工廠。結果，我曾經多次在宿舍內，有好幾次，發現男工人在工廠內魚肉女工人。

東莞性都，連我的工廠都不能夠放過。

桑拿

東莞發展一日千里，因而發展了很多桑拿房。[23]

除了港台的人，東莞酒店的桑拿部也招呼不少內地富裕階層或商人。與媽咪（場內的中介人或公關）打好關係以後，就會成為穩定客戶。這些貴客，很多時要打電話預約，一些高檔的桑拿更是不預約不能進去的。這樣的高檔場所很重視客戶的隱私，客人到前台會被人詢問是否有「密碼」，沒有「密碼」不能入內，那些密碼，可能是媽咪給予客戶的一串數字，或者一個暗語，或者是媽咪的手機號。總之，一切有規有矩，產業化和系統化。

進入桑拿房，要求性服務，都有一個詳細的程序。

女工，一列接一列排出來。有時候，會有一列女工，一列10人，排出來，任君選擇。就像閱兵一樣，場面何其壯觀。在香港的夜場，可供選擇的可能只有幾個，跟內地的排場實在不可同日而語。

女工身上有號碼牌。A牌、B牌、C牌，顯示不同的價格。

23 蘋果日報（2017-8-16）《妓女逾30萬「莞式服務」聞名全國》
https://www.nanoapple.com/hk-news-a-international-daily-article-20170816-20122834
蘋果日報（2017-8-16）《妓女逾30萬「莞式服務」聞名全國》
https://hk.appledaily.com/china/20170816/O6Y6T4DCALKUFV2NF3N2LTGFKE/

身高比較高一點，會拿 A 牌，而價格會較高。

身高比較低一點，會拿 C 牌，價格會較為便宜。

無論是 A 牌、B 牌，還是 C 牌，價格不同，有浮動，但她們的身價，性服務的價錢，浮動在大約 400 元到 800 元左右。

女工一列十幾人排出來，陣容強大，任君選擇。

之後，她們會自我介紹，介紹自己的出生地、來源、背景和無論你來自貴州、四川、東莞、深圳，都需要自我介紹。

經過選擇之後，桑拿房的經理會問你，要不要培訓生。

之後，會有女工和男性一起淫樂，而且有流程表，流程表和工作任務。

可能會有 12 項任務，都可能會有「36 式」或者是「50 式」的莞式服務。

總之，進入桑拿房之後，進入酒店，男性接受女性服務的時候，就是根據這張女工的流程表，讓男性在女工的莞式服務之下，行淫取樂。

莞式服務：項目名稱

項目的名稱都很有心思。有一些名稱，很好聽，例如：

戲水鴛鴦
蜜蜂採蜜
空中飛人
冰火五重天
六味地黃

冰火五重天，是一種古怪的口交玩法，目標是為了調戲女生，去玩樂男人自己的性器官。

口交，意思是透過女性口腔，玩樂男性的性器官，強調雄性性器官的強勢和力量，以及男性性器官為女性所帶來的娛樂。

冰火五重天，玩法，首先是要男性將自己的陰莖升起來，台灣叫「打手槍」。

男性有性慾後，血液加速流動，性荷爾蒙增加。

因此，男性陰莖，就像海棉膨脹起來的原理一模一樣。原理就像海棉充滿水之後，會膨漲起來，一模一樣，血液充滿陰莖，會讓陰莖膨脹起來，陰莖會向上升，長度會變長，成為法蘭克福腸一樣長，長度可能會達到 8-15cm，而一些男性的陽具更強勢，會達到 18-22cm。

之後，男性將性器官塞進女人口中，讓女性的口腔口含男性的陽具，此乃口交。口交過程中，會玩冰火五重天。

冰火五重天，每隻字都有其意思。

冰，意思是用冰放在女性口中，讓男性陰莖塞進來，女人用帶有冰水的口，令男性的陰莖被冰水冷凍。

火，意思是指用火酒或熱水，放在女性口中，男性陽具塞進去

之後，女人的口腔，除了含著男性的陽具，都會給予男性的陽具熱起來的感覺。

五重天，意思是指，女性用口冰凍陽具或加熱陽具，要連續做五次。

六味地黃，本來是中藥，也就是藥丸「六味地黃丸」，都可以作湯藥「六味地黃湯」，可以調理和醫治腎臟和肝臟問題，可以醫治腰痛足酸、頭暈目眩。

有一些莞式桑拿房，六味地黃，當成是口交和玩弄男性陰莖的招式和辦法。六味地黃，在一些莞式桑拿房，意思是指好幾種玩弄男性陰莖的方法。男性性慾高漲之後，陽具充滿血之後，陽具長起來，向上升，變成 8-22cm 之後，女性就會用各種方法，玩弄男性的陰莖，用口含、口交，或者是用口吹氣到男性的陰莖，或者是用腳部磨男性的陰莖。

蜜蜂採蜜，意思是指，要男人將安全套放在腳趾。之後，用腳趾，進入女性的陰道。

空中飛人，意思是指，男方躺在床上，女方將陰道，塞進男性壯起來的陽具。之後，女人坐在男人上，上空有一條繩，女人會抓住繩子，不斷在上空飛轉和搖擺。陰道不斷旋轉，會磨擦長陰莖，增加性生活的快意。

莞式服務：三十六式和五十式

有很多情況下，莞式服務，桑拿房服務，會晉級到三十六式和五十式。

莞式服務專案表（三十六式）

1. 黃金時間：聊天，點飲品，脫衣服和鞋襪，開空調和蒸汽
2. 風花雪月：介紹服務流程，預備服務用品
3. 金石良言：提醒客人小心地滑，陪客人蒸汽
4. 金城湯池：問客人是否洗頭
5. 金石按摩：用按摩方式幫客人打沐浴露
6. 金鑲玉豔：用自摸的方式打沐浴露
7. 金鳳玉露：波，屁股，毛
8. 日月更新：用水沖乾淨客人，自摸沖洗自己
9. 富貴吉祥：伏式從耳親到腳，刮大腿
10. 東海拔棒：四條龍吹，旋轉龍，搖擺龍，體驗龍和深吼龍
11. 金洞尋鑽：貓式吹蕭並引導客人站立從胯下鑽過來親敏感部位並做獨龍轉
12. 金醉紙迷：親吻背後並刮痧，背五條，從屁股親吻至雙腿，屁股刮三條，做獨龍轉
13. 金貓探險：從後面胯下鑽到前面親弟弟及敏感部位
14. 金龍出海：醉酒臥倒式 360 度旋轉親吻吹蕭
15. 金槍消魂：貓式吹蕭，幫客人吹出水含在口裏
16. 出水芙蓉：幫客人沖水並擦乾扶客人上床

17. 重溫舊夢：擦腳，掏耳朵，修指甲

18. 過足手癮：雙腳放鬆，保健按摩

19. 峰迴路轉：波推小弟弟至胸到腳，親吻蛋蛋，翻身做獨龍轉

20. 一脈相承：從肩到腳全身推油，並按摩

21. 雲遊四海：從屁股推到腳，親腳

22. 遊龍金鳳：屁股腿全身，劃東背部

23. 韓式風情：從耳親到腳，刮痧背部 S 行刮腰折 3 條痧

24. 金身拔罐：360 度擰把肉吸起拔火罐 10 個

25. 風花雪月：舔，刮，吸，搖擺，旋轉，頂做獨龍鑽

26. 高山流水：含冰水和溫水從屁溝流下

27. 翩翩欲仙：從客人胯下轉過親蛋蛋，引導客人跪立吹蕭翻身

28. 反轉乾坤：抱客人調情並問服務意見

29. 情意綿綿：從耳親到腳刮痧大腿

30. 貓女鳳舞：自摸並打油

31. 丹鳳朝陽：抬客人屁股放在自己腿上波打飛機

32. 蠢蠢欲東：四龍吹蕭，貓式吹蕭

33. 珠聯合碧：波推上半身，毛嗨弟弟，自摸小妹妹給客人看

34. 小妹扛槍：臥倒並抬客人大腿毛嗨撫摩大腿

35. 倒掛金鉤：上牆倒立並 360 度吹蕭

36. 海底撈月：邊吹邊騎在客人身上做獨龍鑽 [24]

24 老男人（2017-6-15）《莞式服务 ISO 三十六式全套内容图解精华版》
https://www.laonanren.com/news/2017-06/173472p7.htm

莞式服務五十式 [25]

莞式服務專案表（五十式）

1、Ａ牌：善解人意｛調電視空調、擁抱、拖鞋、點倒飲品、擺放用品、換鞋、洗漱｝

2、雲遊四海：自摸豔舞，口暴姦式服務第二步：花樣沐浴，水床服務

3、揚州擦背：擦背前先站立消毒，扶客人到水床包毛巾擦背

4、隨波琢流：全身按摩，打沐浴露

5、溫柔晚搜：波推，臀推，壓甩一條龍

6、性感美人魚：陰毛轉掃小腿

7、反轉皇龍：把客人小腿反過去波推

8、欲望長舌：環遊全身，並刮痧，獨龍鑽

9、霸王別姬：客人跪立，波推，獨龍鑽，手穿下去打飛機反過來

10、媚娘乳交：波推前面全身

11、唇唇欲動：環遊，刮痧全身

12、激情爆發：吹簫，一直吹到口爆，精射嘴裏

13、完美收尾：詢問客人是否先洗頭，臉，沖乾淨水，扶客人躺床上

14、水滸傳之逼上梁山（Ａ牌、麗人、模特必做）：一隻腳放地上，

---

25 圖片來自以下出處：看見歷史（2017-6-5）《莞式三十六式全套图解 东莞莞式服务全过程视频扫黄现场图片》
http://www.kanjianlishi.com/gushi/mingren/164276.html

一隻放床上，由腳背開始環遊鑽到後面親小腿，自摸小妹妹，由後背轉到前面，臀部對客人小弟弟打圈，親兩手，再轉到正面，親耳朵、脖子、腋窩、胸、肚子、刮痧、吹簫

15、親密無間：採耳、波推臉、耳至腳

16、鯉魚翻身：波推把客人用腿勾反過來

17、一震（小白兔）：波推上去把手反過來全身推，抬腿波頂住，用（小白兔）做振動

18、人體五行：先推油，背、腿，後面臀部推油，剪刀手下去撫摸小弟弟

19、獨龍鑽：環遊、刮痧

20、蛤蟆功：用冰果醬和熱水迴圈冰火獨龍鑽肛門並吸住舔、吸，刮，彈

21、動感地帶：用振動器振動，一邊獨龍鑽一邊將身子側起來

22、無底洞：反過去側身親腰、腋窩、耳朵、將客人反過正面

23、二震（小鳥）：手撫摸全身、眼神要騷、用（小鳥）振客人耳朵、波頭、全身 23 個穴位，360°轉 180°時，額頭點地，親蛋蛋

24、直搗冰窟：直接親三角區，吹 360°轉 180°時頭鑽下去，把客人兩腿盤肩上獨龍鑽

25、極度誘惑：吹 180°後，環遊下去嘴含腳趾轉圈，腳趾放小妹妹裏扭動

26、蜻蜓點水：波推腳底，腳底刮痧後，環遊小腿後，把客人腿豎起親膝蓋至吹簫，另一條一樣波推下去

27、香妃之吻：親耳朵，腋窩，W 型親胸及上身，一直親下來 回來吹簫

28、貓女之戀：騎客人身上發騷，自摸

29、三震（毛毛蟲）：雙手扶膝蓋豎立，頂腰發騷，用（毛毛蟲） 自摸或讓客人摸

30、臥虎藏龍：下來吹簫，側身獨龍鑽。鑽進去吹簫至正面

31、四震（八爪魚）：太極八卦飛機手，觀音手，用濕巾包住 小弟弟，用（八爪魚）震小弟弟

32、龍王聚會：①三長兩短 ②三淺兩深 ③三擺兩旋 ④三熱兩 冰

33、四龍共舞：逍遙囉、搖擺囉、深喉囉、旋轉囉 第四步 豔門 十三式

34、一支獨秀（小妹妹打飛機）

35、引蛇出洞：打完飛機，背對著插入

36、俄羅斯打轉：360°轉

37、一馬平川：一字腿做愛

38、獨抱琵琶：兩人坐立，背對客人

39、水乳交融：側身後面插入

40、馬後炮：手放床下，臀部抬高（沙發上也可以）

41、老漢推車：弓起來，背對客人

42、紅旗飄揚：兩腿放客人肩膀上，上下左右

43、燕子貼牆飛：男的站著，女的手撐床上，腳貼牆，客人在 中間做

44、前赴後繼：（在床角、沙發角做）

45、盤絲洞：（在沙發上做）

46、和尚撞鐘：（男的完全抱起女的站立做愛）

47、夢裏還鄉：做完後，用溫水包小弟弟，吹 1 分鐘，每牌必做

48、藏式按摩：按前面全身放鬆

49、貼心問候：詢問客人對服務評價，並按摩

50、提醒客人帶好隨身物品，送至休息廳或電梯口 [26]

如何加入桑拿房？

要如何管理桑拿房的女工，才可以讓她們做這一切呢？

也許是有人綁架她們、人口販賣、迫娘為娼，迫人打黑工。

也許是女人窮，太需要錢，因而投入性服務，好讓自己不會在路上餓死。

不論如何，桑拿房管理很企業化、商業化，有很多方法，威迫利誘，要女人為男人的性要求服務。桑拿房會洗腦，告訴女工們：

「錢和生存是最重要的。」

---

26 看見歷史（2017-6-5）《東莞莞式三十六式 68 招圖解 莞式 ISO 全套內容服務詳解》
http://www.kanjianlishi.com/gushi/mingren/164028.html

「出賣尊嚴和肉體是小事和尋常的事情，生存和賺錢，不會在貧苦的鄉郊餓死，才是最重要的。」

「加盟大企業，是難得的經驗，一定要努力。」

當然，胸部、外表，有一定要求。如果懂得賄賂和行賄，也許可以加入。

工廠的薪金很低，自然會有很多窮女人被迫賣身。

讀者們知道嗎？桑拿房管理得很嚴密！

如果有顧客投訴，會罰女工錢。如果表現不好，被顧客投訴，更隨時會被人大打一頓。

經理會問顧客，流程滿意嗎？經理會確保顧客滿意，才會放過女工。

以上的這一切，我是聽朋友，才知道的。

法律上，有風險嗎？本來是有風險的！因為性工作和黃色事業，在中國是犯法的。不過，只要懂得賄賂地方官員，有保護費，有保護傘，就會官官相護，有人掩護你。

夜總會

東莞，有很多夜總會，或者是卡啦 OK。

東莞夜總會每逢晚上 6:00pm 就會有客人前來。所以，夜總會女性會在黃昏時段上班和化妝，6:00pm 就要排隊、列隊，歡迎男性貴賓。

通常，一個客人會要求 2-3 個女性陪同入內。

相關夜總會行業，會帶動指甲、化妝和美容等行業的出現。性行業，令東莞很多人賺了大錢。

傍晚時份，走入夜總會之後，有幾百名女性列隊出來歡迎男性貴賓。

女性會掛牌，會自我介紹。

當然，列隊出來，自然是任君選擇。只要有錢，甚麼都可以選。

如果只是「坐檯」，意思是女性坐在男性身邊，陪他飲酒、聊天、唱歌、跳舞，讓男性的雙手理解一下女人身體這一張地圖的每一個角落，應該只是數百元，好像是 300 元。

不過，如果是上床，要到酒店開房，要脫衣，上床，做愛，就需要 1000 元到 1200 元。

東莞，是性生活的天堂，外國客人喜歡，男人樂而忘返，自然會有利外資流入。

東莞黃色經濟圈的沒落

後來，習近平上台後，政風為之一變，全力掃黃，東莞的黃色事業走向沒落。

話說 2014 年 2 月 9 日上午，中央現視台對東莞市部分酒店經營色情業進行了報導，顯示中央出手的決心。下午，未知是否知道驚動了中央，東莞市委、市政府迅速召開會議，然後大舉在全市各地查處。據說出動六千多名公安人員對全市所有桑拿、沐足以及娛樂場所進行檢查，並針對中央電視台節目曝光的多處黃色事業場所進行清查和抓捕。在東莞國安酒店，警方查處了不少涉嫌賣淫嫖娼的涉事人。

自從央視節目披露了東莞色情業狀況之後，2014 年 2 月 10 日起，廣東省公安廳加入行動，組織了全省公安機關的力量，開展打擊和整治涉黃事業的專項行動。一夜之間，雞飛狗走，流鶯四散，因各種理由離開東莞的人幾日內暴增。此前媒體報導提及的色情場所，很多已被貼上封條、停止營業。未被媒體調查報導過的娛樂場

所，以及周邊的店鋪，不少都人去樓空。東莞市更加對政府內相關官員問責，作出處理。對中堂鎮公安分局局長、涉黃酒店所在的派出所的等，都被停職和調查。另外，東莞市委也對中堂、黃江、虎門、鳳崗和厚街五個鎮的主要領導和分區領導進行訓示。廣東省警方在幾個月間共拘留逾 3 千人次多。

之後連串的新政出台，黃色事業走向沒路。新政策規定酒店、桑拿、夜總會的房間、包廂內不得安裝門鎖、插鎖；不得安裝可調節亮度的照明燈；房間門窗的透明玻璃高度和尺寸須符合要求，且不得設置遮擋物。在場所出入口、接待大堂、收銀台等重要地點，都必須安裝符合國家標準的視頻監控設備，並與公安部門聯網，以作監視。從業人員要在得到有效健康合格證明後，才可以上班，營業期間必須衣著齊整，不能有傷風化，所有從業人員須進行實名登記管理。

據官方數字，東莞全市有營業執照的沐足場所有八百三十二間，桑拿有一百九十八間，夜總會等娛樂場所有五百八十一間，全面被警察掃蕩，共清洗了二千處兼營色情行業的場所，一時之間整個行業人間蒸發，銷聲匿跡。

淫業鉅子的沒路

東莞市被中央電視台曝光色情業氾濫後，公安機關展開海嘯式掃黃，一些涉嫌為色情業充當「保護傘」的官員被問責。東莞淫業

大亨，大人物太子輝，也就是東莞太子酒店老闆——梁耀輝先生，都最終入獄收場 27 28，太子輝（梁耀輝）因掃黃行動被捕，被東莞中級人民法院宣判組織賣淫、串通投標、單位行賄三項罪成，判處無期徒刑 29。審訊中，被指經營淫業的太子輝，罪證多不勝數，包括招攬未成年少女賣淫，以「試鐘」為名淫辱新入職的女子等。

太子輝，東莞出生，成長於貧農家庭，勞力向上流動，20 歲左右成為一名理髮師，後來經營理髮店和髮廊。1980 年代，他經營走私和汽車配件生意，收入日增，是一個聰明、大膽，有商業頭腦的人。

那時候，東莞開始發展，吸引了許多港台商人。東莞街頭也開始出現一些髮廊，提供色情服務，梁耀輝的髮廊當然也在其中。但真正讓他賺取人生第一桶金的是走私汽車生意。珠三角在當時走私很猖獗，梁耀輝也與朋友一起做這門生意。累積一定財富後，梁耀輝開始進軍酒店業，太子酒店就此誕生了，最初它只是一棟六層高

27 蘋果日報（2017-8-16）《妓女逾 30 萬「莞式服務」聞名全國》
　　https://www.nanoapple.com/hk-news-a-international-daily-article-20170816-
　　20122834
　　蘋果日報（2017-8-16）《妓女逾 30 萬「莞式服務」聞名全國》
　　https://hk.appledaily.com/china/20170816/O6Y6T4DCALKUFV2NF3N2LTGFKE/
28 東方日報（2017-6-2）《黃業曾達 50 萬人 東莞淫名遠播》
　　http://www.orientaldaily.on.cc/cnt/news/20170602/00176_011.html
29 東方日報（2017-8-15）《東莞淫業大亨太子輝末路 三宗罪成判無期》
　　https://hk.on.cc/cn/bkn/cnt/news/20170815/bkncn-20170815110649972-0815_
　　05011_001.html?eventsection=cn_news&eventid=4028828d4d7616ee014d9303e0f8
　　2daf

的小樓。1995年前後，他在舊太子酒店旁邊興建豪華的五星級酒店，生意越做越大，酒店更變身為桑拿中心。2004年開始，太子酒店桑拿部逐步發展成為一個大規模提供賣淫活動的場所。之後他甚至走入政界，當選人大，又進軍石油業，簡直就是超級富豪。據說2007年時已有10億身家。根據法庭審訊的資料，太子酒店桑拿部單單在2013年的營業收入就超過4,890萬人民幣，多年間組織賣淫超過10萬次以上（我認為遠不只此數，它嚴重低估了中華男兒的能力和需要）。央視報導曝光後，梁耀輝還立即通知相關人員毀滅證據，但最終逃不出法網。

太子輝入獄，東莞掃黃後，東莞太子酒店、酒店業、黃色事業、零售餐飲，就不復以前的輝煌。東莞色情業步入了蕭條，走入經濟轉型的階段，揭開新的一頁。

我在東莞的住宅和飲食文化生活

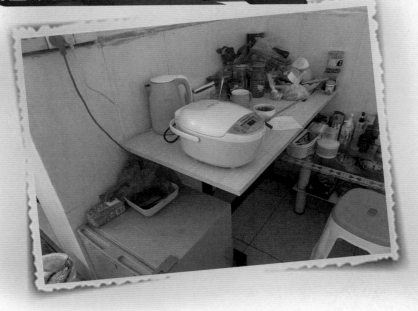

寫完東莞的工廠工作、包二奶和性行業，不如寫寫我在東莞的住宅和飲食文化生活。

樟木頭中產區：我的住宅區

香港樓價高企，很多香港人，成為樓奴，物業的首期和後續供款，可能至少六百萬，甚至達到二千多萬港幣，經濟負擔都很大。

相反，廣東內陸地區的房地產，房價雖然是一個很大的負擔，但反而比香港和深圳低一點。

印象中，2005 年，東莞有一些樓房的樓價是每平方米 5000 元人民幣（5000 元人民幣 / 平方米），後來，東莞樓價向上升，2015-2020 年，應該是 10000-14000 人民幣 / 平方米，與香港和深圳每平方米 7 萬港元相比，是天差地別。

相比起香港和深圳每平方米 7 萬港元，東莞樓價看起來不錯吧！

昔日東莞也許窮人很多，像一些落後國家一樣，也許離香港車程太遠了，但在東莞工作，長住了一段時間，生活水平還是不錯的。在那裡買樓，在那裡工作，樓價低一點，生活空間自然更理想。

我在 2007 年之後左右，沒有住工廠宿舍，用大約 80 多萬，在東莞樟木頭買了一幢物業住宅。這幢物業大約 1000 平方尺，3 房一廳。

這幢物業住宅，我自己下班，回家休息和睡覺時，才需要使用。

可是，我的妻子和兒女就仍然在香港居住，沒有前來東莞。所以，我自己下班之後，回家休息和睡覺時，這間住宅大部分情況下，只有我自己一個人住，但我在東莞還有不少朋友，其實一點也不寂寞。

樟木頭一帶的這座物業，80 多萬（比較昂貴一點），1000 平方尺，有不少優點。

　　這一帶交通便利，附近有火車和巴士，有中產商場，中產商場當中有餐廳、商場、髮型屋、溜冰場。不少網民實拍的短片都證明，樟木頭中產區的經濟，比絕大部分中國的地區都要好。[30][31][32] 難怪人人都説樟木頭是小香港。[33]

　　商場中的連鎖店，竟然都有 Pizza Hut、大家樂、大快活、港式茶餐廳。中國改革開放之後，引入了外資和工廠，都引入了外國和香港的食品文化和食肆和西餐。可惜的是，當中沒有翠華和太興，好像沒有廣東點心美心皇宮。不過，很多這些港資和外資大型連鎖店，好像不斷虧損，成本太高。有一些還被迫關門，撤回香港。

30 愛奇藝《實拍東莞樟木頭天和百貨，小香港就是不一樣，人來人往看著好熱鬧》
　　https://tw.iqiyi.com/v_19rqpkwxyw.html
31 Youtube：《走進中國：中國 "小香港" 樟木头夜拍，香港人的后花园，男人的天堂》
　　https://www.youtube.com/watch?v=XCTDLfoNfls
32 香港 01《經濟差港商台商撤退 東莞「二奶城」風光不再》
　　https://www.hk01.com/%E4%B8%AD%E5%9C%8B/24229/%E7%B6%93%E6%BF%9F%E5%B7%AE%E6%B8%AF%E5%95%86%E5%8F%B0%E5%95%86%E6%92%A4%E9%80%80-%E6%9D%B1%E8%8E%9E%E6%A8%9F%E6%9C%A8%E9%A0%AD-%E4%BA%8C%E5%A5%B6%E5%9F%8E-%E9%A2%A8%E5%85%89%E4%B8%8D%E5%86%8D
33 每日頭條 (2017-4-8)《這個小鎮被稱為「小香港」，你知道是哪裏嗎？》
　　https://kknews.cc/zh-hk/travel/394a3yo.html

相比起東莞窮困農村女性，要靠黃色事業性行業出賣肉身謀生；相比起東莞窮工人，薪金比較低，鄉下住房和工廠宿舍比較惡劣一點，我作為工廠經理、香港人，我在中國大陸社會的生活，相當中產，衣食住行都是可以的。

　　在東莞，我還可以保持我在香港的中產生活素質。在飲食方面，還有一定的、多樣的選擇。

　　早上起床，住宅附近的商場，除了可以食普通西式麵包，還可以有港式茶餐廳選擇，有 A,B,C 餐，可以有沙爹牛肉麵，證明改革開放之後，中國引入了不少外來的選擇和文化。現在的人民幣和上面的毛澤東頭像，竟然可以換取外國的貨品和食肆，證明中國人民生活比以前改進了。

　　下午午餐和晚餐的時候，都可以吃韓式燒烤、日式壽司，有時會在酒店食自助餐，都相當的豐富。

　　到晚上的時候，我有時候要應付官員，和他們一起出席飲宴。

飲宴和貪污

有很多時候，為了應酬官員和要人，和他們建立更好的人際關係，因而要飲很多酒。

昔日中國貪污問題嚴重，貪官為數不少，他們都有一個特點，就是特別愛酒，特別是中國白酒，茅台酒。浙江省嘉興市委前常委、嘉興經濟技術開發區黨工委前書記何炳榮，報導指他被抓捕，是因為挪用公款買白酒。他愛喝白酒，更挪用公款，瘋狂地購買 1470 瓶白酒，還趕在退休前把所有白酒喝光。[34] 貴州省原省委常委、副省長王曉光，被發現他家中堆滿一屋的茅台酒，高達 4000 多瓶，由於名酒數量太多，甚至按年份把這些酒分批倒入自家馬桶，以防曝光。[35]

中國貧民在農村生活只得三餐溫飽的時候，中國貪官成為暴發戶。藏酒、瘋狂購物、愛酒、豪飲的習慣，十分和腐化。

為何一個村官省官，要收藏 4000 多瓶、1470 瓶茅台？一個人根本不用那麼多白酒，不需要藏那麼多酒，一個人，連帶朋友，都飲不了那麼多，為甚麼要私藏？

---

34 蘋果日報（2019-10-30）《強國貪官挪公款買 1470 瓶白酒　退休前全部喝光》
　　https://tw.appledaily.com/international/20191030/LBNYOG22ZM3E4PRDJKGU2V
　　RJDI/

35 自由時報（2020-1-13）《中國貪官奢例現形！4000 多瓶茅台酒倒入馬桶》
　　https://news.ltn.com.tw/news/world/breakingnews/3038649
　　三立新聞網（2020-1-13）《中國貪官現形記！4000 瓶茅台往馬桶倒　「倒也倒不盡」》
　　https://www.setn.com/News.aspx?NewsID=671447

就算要私藏，為甚麼要藏茅台？為甚麼不私藏德國或青島啤酒？為甚麼不私藏法國意大利紅酒？紅酒酒莊，比較古典和優雅，為甚麼要芽台，不要紅酒，那麼沒有品味？

中國貪官對私藏和豪飲白酒的慾望，恐怕是我這一輩子都不明白的事情。

中國白酒，茅台酒，酒精濃度大約在 53-58。據我所知，我飲的那一支中國白酒，酒精濃度好像是 57。中國貪官，愛宴會、愛豪飲、愛豪食、愛酒。他們愛大宴，愛茅台，我為了公司的業務，為了公司的未來和自己的未來，就只能拼命地陪官員們飲酒。

飲那麼多酒，酒精濃度那麼高，就只能夠「早飲、早嘔、早收工」。

與中國官員的飲宴，除了要拼命飲酒，飲茅台和中國白酒，還有很多很有趣的山珍野味，果子狸、蝙蝠和鱷魚肉都有。當然，還有令人嘔心的牛鞭和牛歡喜，當時的情景，真是不想回憶，但未敢忘記。

如果免卻了所有的文化種族主義和白人至上主義，公平地看看，其實人家的山珍海味真的是非常獨特的。

中國貧富懸殊嚴重，中國大部分人很窮，溫總講過三農問題，那些貪官卻豪飲豪食，送禮，巨宴、互相交換禮物、飲茅台、飲白酒、建立人情關係網和食山珍海味，世界真的非常不公平呀。

飲宴，當然不是單純的為了吃和喝，而是建立人際關係網、交換禮物和關照關照的時候。官員之間和我們，要互相送酒、送禮物、送白酒、送茅台。我為了保住公司的廠房和收益，自然要送禮和互相關照一下，送紅包、禮物、酒，是必然的。

除了要關照一下海關、村委，都需要向勞動局和稅局通融通融一下。就算預先準備的禮品一開始看起來不太叫人滿意，只要給一封紅包，甚麼都可以過關。在人情和人際關係比法律大的社會，面對人家的心意，當然不好意思拒絕，只能收下來。

賄賂官員，或者是建立更廣寬的人際關係，都是一門學問。送紅包太直接，如果是這樣，我可以送一棵蘭花給官員。之後，我再叫第三者，到官員家收購蘭花，用間接的方法，間接地給官員錢。

相比起官員的窮奢極侈，以及我這位工廠經理的中產生活，工廠大部分工人，就比較簡單和窮困一點。鄉下農屋和屋村較為窮困一點，來到工廠打工，找工作，其實生活不算是很好，薪金比較低一點，要住工廠宿舍，而不能像我這位經理一樣，買價值數十萬的房產。工廠工人，食東西比較簡單，要工廠一天包食包住，包三餐較為低廉的膳食，其實生活都相當一般。

有空的時候，我會做甚麼？

有空的時候，我會做甚麼？

其實，在東莞，工作相當繁忙，沒有甚麼空閒的時間。

一旦下班（廣東話：放工），仍然要過相當繁忙的人生。晚餐的時間，大約是5:00-6:00，這段期間，仍然有很多事情要煩，要做。

下班後，最繁忙的事情就來到我身邊了。因為我要辦飲宴，安排場所，應酬官員和部門，搞好人際關係。

這些官員和部門，找他們，只不過是為了經濟上的利益和人際關係，不是真正的知心朋友和好友，相處，相當辛苦、苦悶和令人煩惱。

食飯，只不過是為了交際和應酬，沒有真心坦誠相處，相當可憐。

晚上 6:00，官員和我們就要開始飲酒。飲中國白酒，泰半是茅台和五粮液。

茅台和五粮液，酒精濃度 53 度。通常要飲三大杯，半斤和一斤。

茅台，是香、苦和辣的，好像是藥水一樣，充滿藥水味，對我來説，一點也不好飲。

　　法國人飲餐前紅酒，只是淺嚐一下甜和鹹的紅酒，淺嚐一兩杯，既健康，有利身心，也很高雅。我很難理解為何中國貪官，喜歡飲那麼多酒精濃度高，不太好飲的酒。

　　相比起法國西餐淺嚐紅酒，中國高官喜歡一大桶再一大桶灌下去，飲到爛醉如泥，極為有害肝臟和身體器官。只能「早飲、早嘔和早收工」。

　　大約 7:00 左右，已經醉了大半，身體器官已經勞損了大半。不過，為了不得失客人，為了合群，我只能灌下去，再灌下去了。

　　有時候，他們會試青島啤酒，會比較正常一點，酒精濃度低一點，比較難醉，傷肝程度低一點。就算苦，都有小麥和大麥香味。有時候，他們會要求威士忌，2000-3000 元，換好幾十瓶，會較多木桶香味。

　　飲酒，傷肝，爛醉如泥，之後那群貪官還要死撐，去卡拉 OK，要攬女性，要女色，還要唱歌，唱大陸歌，廣東歌。歌唱得不好聽，還要出場獻世，以為自己像歌王，還要別人稱讚。

爛醉如泥，之後會在餐廳樓上卡拉 OK 直接睡覺。如果神智比較好一點，會直接駕車回家。

在中國，見官員，見客人，見不同部門，交際應酬，要花很多時間和心力。交流一下，多飲酒，官員才會覺得你是自己人，才會對你好，通融你的失誤，而法律的執行，都不用太嚴，可以寬鬆一點。

最可怕的，是飲得爛醉如泥，醉的程度，肝臟的損害程度令人吃驚。

第二個最大的問題是，每逢飲宴、交際應酬的時候，都是我和上司付錢，而不是官員付錢。

所以啦，飲宴，是官員變相苛索我們錢財和服務的過程。

想想吧，每晚飲宴要大約一萬元人民幣，一個月要十幾次飲宴。房間要 300 元，而女人要 1500 元人民幣。

平均每月，公司、上司、我，損失十幾萬，供官員飲飽，食醉。

貪官借機漁利，而我們為了公司生存，白白給了人們錢和服務。

得益的不是我，錢不是我付，還要給人苛索。

開心的是官員，不是我。

這群貪官，令我們營商成本增加了很多，應酬花的錢和時間都很多，簡直有賠了夫人又折兵的感覺。在中國商場和官場，處處陷阱，法律陷阱，貪污應酬的風險和付出，一點也不好過。

與工廠主管級同事食飯

與工廠主管級同事食飯，交流，會感覺比較好一點。午餐和晚餐，不用交際應酬，不用送幾十萬給官員和飲酒的時候，與同事和好友食一些正常一點的膳食的時候，會感覺比較好一點。

選擇比較多一點，有日本菜，有日本魚生、自助餐、西式牛扒、海鮮，有韓燒，有港式茶餐廳，會吃得比較正常，菜式也好吃一點，至少沒有大量烈酒，沒有傷肝，沒有飲到爛醉如泥。

不論如何，東莞其實有一些好東西吃，有西餐、日本菜、韓燒、港式茶餐廳和自助餐。很多餐廳，試不完，絕對是一個價廉物美的美食之都。

愛看的電影和書籍

在東莞，有很多電影可以看。

他們有很多盜版電影，DVD 隨處出售，小攤啦，小店啦，價錢便宜，3 至 5 元一隻 DVD。成本低，總之就便宜，我們顧客買得開心，看得開心。

每逢下班，就會去選 DVD，和買 DVD 回家看。

比較開心的是，香港已經絕版的影帶，竟然在東莞可以買回家看。

結果，我買了好幾千隻 DVD，放在家中。

有時會看舊香港電影，70-80 年代電影，覺得很有趣和開心。邵氏的大導演們：李翰祥、張徹和劉家良等拍攝的國語武打片，許氏兄弟的《鬼馬雙星》、《半斤八兩》和《賣身契》等一系列鬼馬喜劇，袁和平執導、成龍主演的《蛇形刁手》和《醉拳》的功夫喜劇，竟然都在這處找到，中港之間的距離就靠這些作品不知不覺間拉近了。

有時候，我會陪同事打籃球，做運動，出一身汗，強身健體，算是抵銷平日應酬大吃大喝對身體的傷害。時至今日，還未有大病在身，算是走運！

會不會看書？

我會看一些生產、商業、管理技巧方面的書籍。

那個時候的我，比較少看文、史、哲、社會科學方面的書籍，但比較愛工商管理方面的書。可能是職業病吧！又可能扮上進，想奮鬥向上。

當時，我比較喜歡「豐田生產模式」和「七個習慣」一類書籍。時至今日，書中的知識和人生智慧仍對我有很大影響，這可以說是北上工作的一個意外收穫。

東莞的日落黃昏

在大約 2010 年代的時候，東莞的日落黃昏就來了。

東莞的經濟，開始走下坡。

舊工業蕭條，廠房遷出

以下的因素，令東莞的工廠撤出，舊工業步向蕭條：

1. 工人群眾事件和工人示威：工人的權益意識在增長，畢竟新一代的民工比舊一代的有更多知識，不再是牛一般的從不抱怨，只

知埋頭苦幹。結果，示威和維權事件和騷亂多了，公司自然要增加工資，工人的價格和成本向上升。

2. 當地政府為發展高增值行業，排擠製造業：政府要騰籠換鳥，不再歡迎低技術和高污染的工業，轉而去發展高增值工業和高科技，要華為手機，要阿里巴巴，要發展房地產，因而排擠深圳和東莞的製造業，用各種方法淘汰深圳和東莞的工廠，港資自然在其中。

這一點，是本末倒置的。即使高科技對一個國家的成長重要，但製造業和工業都是重要的，9億中國農民和農民工的收入，全靠製造業和外資工廠帶來的收入。推行得太急，可能引起失業問題。如果排擠製造業，中國大部分工人和農民工的收入，應該會不見了。

工廠倒閉，工廠遷移，會令很多中國工人、農民和農民工，經濟更加困難，甚至會失業。

可是，當地政府不理會，也沒有想到這一點。因此，他們要想各種辦法，迫走工廠。不過，經過多年的轉型，又成功建立了高科技和高新產業的經濟，一些港資工廠都要引入科技，提高生產水平，一切可算是轉型期的陣痛吧！

3. 貪污和法律風險：在中國，貪污嚴重，法律和司法不公，令營商成本和風險增加了。中國幅員廣大，地方政府派系與利益複雜，

中央有政策，地方有對策，一些打貪行動雷厲風行，但最終又有貪官冒出頭來。知識產權保護不足、選擇性執法、法規和執法不透明，都令一些廠家決定轉移陣地。近年，中紀委大力打貪，派出巡視組到各地主動考查，成效卓越，如果我們工廠在東莞的時代有這樣的環境，可能就不會撤走了。

4. 歐美日台韓參加競底遊戲和壓價：西方，也就是歐洲和美國社會，台灣、南韓和日本社會，的資方，希望要壓低工資和價格，希望要參加競底遊戲（Race to the Bottom）。

中國工廠營運，成本高昂，官方留難、苛索、貪污不斷，工人價向上升。在越南、曼加拉、非洲和拉丁美州，當地社會可以提供比中國工人成本更低的價格和成本。

因此，很多投資者，外資，用各種的辦法，把工廠遷移、搬走，帶到曼加拉和越南，尋求更低的成本，減少開支和成本。

結果，大部分工廠撤出到孟加拉和越南和非洲，忘記了深圳和東莞。

東莞工業撤出到其他地方，令工業和經濟受重挫，工人和農民工收入大跌，有些只能返家鄉和鄉下農村幹粗活和耕田。有些轉投其他行業。有一段 Youtube 短片——《世界工廠——東莞大量工廠

倒閉外遷？別擔心，明年後年更多，七零八零後創立的輝煌即將落幕，人去樓空》，正好説明了東莞工業的撤出和蕭條。[36] 不過，經過多年的努力，東莞大力招商引資，為服務業發展奠定良好基礎，2006 時服務業的產值只有千億元，到 2017 年東莞服務業增加值近四千億元。特別是近年來網店、微商、互聯網＋、共享經濟等新行業不斷湧現，新產業吸納了不少剩餘勞動力，增加了經濟活力，鳳凰重生。

習近平掃黃

「莞式服務」名揚四海，但 2014 年習近平掃黃，令黃色事業、酒店業、零售和餐飲服務，全部步向蕭條，東莞經濟曾經嚴重下挫。

步出虎門車站，走向東莞一帶，你會看到東莞當年的一些相關店鋪一片蕭條，關門大吉，道路和村屋被荒廢。

正如前文所講述的情況，2014 至 2015 年，東莞出現大規模的掃黃行動。黃色事業被壓制，數以千計的旅館及娛樂場所被取締或勒令停業，大人物太子輝被捕，要坐牢，令東莞步向了嚴重的蕭條。那兩年變化很大，掃黃把東莞掃得很可憐，飲食、化妝品、開車的，

---

36 Youtube：世界工廠 —— 東莞大量工廠倒閉外遷？別擔心，明年後年更多，七零八零後創立的輝煌即將落幕，人去樓空
　　https://www.youtube.com/watch?v=G3okq5nq8Kw

全部受到很大影響。厚街鎮最熱鬧的康樂南路商業街，在假日也人流疏落，車輛不多，一片冷清，街上的人不用看交通燈，也能安全過馬路。商舖門口的售貨員遊手好閒，無所事事。據說東莞色情業每年經濟效益一度高達 500 億元，即當地生產總值七分之一，影響可想而知。

當時，東莞所謂的 1000 萬人口，其中本地人只有不到 200 萬，當中大多數都是外來民工。這些外來民工雖然被賦予「新莞人」的稱謂，但是往往沒有戶籍，且收入偏低，對當地沒有歸屬感，實在是在一個借來的城市裏面過著借來的生活，很多在這裏賺一兩年錢就走了，流動性極強。東莞的另一個特點就是沒有一個像樣的市中心，32 個鎮街沒有一個叫做中心區的地方，令營商的一點也不易做。

東莞之所以能夠成為「世界工廠」，當中一個主要背景就是產品價格比較低廉，依靠的是廉價的勞動力，工廠像我工作的那一間，就是一直靠薄利多銷，以低銷售價格作為競爭手段。前面提及的因素之下，不少廠家都走了，加工貿易難有再一步發展，當地政府就選擇和更依靠酒店行業和娛樂事業。可是當黃色事業受到打擊的時候，這一連串的行業就陷入困境，一時之間沒有出現一個更好的替代產業。

大舉掃黃之後，傳說被查處的色情場不久會重新開張了，一些小姐也在暗中小心翼翼的在「工作」。不過，這次中央是認真的，黃色事業沒有再起的機會，小姐們不是轉業，就是回鄉，或是到其他地方另謀出路。

東莞工廠諸事不順

我所工作的東莞工廠，都開始諸事不順了。

工廠的蕭條和倒閉，由貪污和管理不力開始，由侵犯版權惹上官方開始，以得罪其他企業惹上官非為結。

貪污和管理不力，是一間企業和工廠敗亡的開始。

工人偷電線；

偷物料弄一把刀，在工廠門口外砍人；

倒天拿水進廁所，迫使工廠問天拿水供應商買更多天拿水，借機漁利；

中介和學校請童工來工廠工作，引起勞工爭端；

以不合法方式經營，工人要違法加班，收藏數簿，給人家看假數簿；

驗廠前打關係、送禮⋯⋯

這一切會令企業紀律不良，運作混亂，財政混亂，成本增加，令工廠經常陷入了混亂和問題。

官員看見工廠開始有錢，就借機漁利，要我和上司經常請官員出席飲宴，才可以令工廠生存下去。

當然啦，除了出席飲宴，豪飲茅台、五粮液，除了互相關照一下，交換一下禮物，送紅包之外，還需要上卡啦 OK 唱歌，攪女人，要女色。

結果，官員漁利，恆常要一萬元再一萬元人民幣的飲宴。

企業和工廠，正因如此，成本大增，每月都損失了幾萬到十幾萬，供官員飲飽和食醉。

更可惡的是，侵犯版權，惹上官非。我們公司和東莞工廠，竟然捲入某國際大型公司的版權和品牌爭議。

玩具包裝設計時，竟然抄襲了某國際大型公司的洋娃娃設計。有設計師竟然在抄襲那一間公司的洋娃娃設計，因而被對手告上法庭。公司輸了訴訟，還要賠巨款，因而營運不力，步向下坡。

我的上司，還出事了，出現了一些法律的風險，因而令公司衰落和結業。

正如之前提及，我的上司，處事的時候，經常在走鋼線，經常在中國法律的灰色地帶遊走。遇到問題，經常要賄賂官員，解決問題。

有一天，新拍擋和我的上司出現了爭執。新拍擋將賄賂一事，告上省級部門和法院。上司賄賂省級官員，希望省級官員不要追究貪污和行賄一事。官官相衛，有保護傘，他以為應該還可以撐很長時間。

沒有想到，新拍擋，索性告上北京法院和政府部門。繞過東莞和廣東省部門，直接到北京上訴到底。

最後，廣東勢力的保護傘，保護不了我的上司。我的上司，被抓進牢房，到了大朗監獄。

之後，工廠怎麼辦？我的上司在監獄時，工廠和公司，由我上司的妻子和人事部管理，勉強運作下去。

就這樣，工廠走向了下坡。工廠的衰落，就是東莞舊工業步向衰落的象徵。

離開東莞

東莞衰落，經濟衰退，上司被抓，法律的風險大了，就在這時候，我無意留在東莞，離開了東莞。

我不是被解僱的，而是自願離職的，時間是 2015 年。

我已經對東莞灰心意冷了，我想回香港工作和照顧家庭。

當時，上司已經正在坐牢，我因而要將自願離職信交給人事部和上司的妻子。

我很記得，離開的時候，頭也不回，就離開了工廠。

走的時候，我沒有懷念工廠，至今都沒有到牢房探望親愛的上司，也沒有回東莞跟工友聚舊。

畢竟，我的人際關係不太好，與東莞工廠的人員和上司，只不過是商業關係，沒有深交的朋友和深入的友情的關係。只有永恆的金錢和利益，沒有永恆的友誼。

朱自清的《背影》，很感動地回頭望望父親的背影。在現實生活中的我，離開東莞工廠的時候，沒有遺憾，沒有惋惜，也沒有懷念，頭也不回，離開了東莞。

畢竟，我只是一個東莞的過客，香港才是我的家。

重遊東莞

　　東莞常平你還好嗎？掃黃風暴之後，現在又是什麼怎樣？曾經是酒店最密集的區域，曾經夜夜笙歌，燈紅酒綠，據說輝煌落幕，人去樓空。舊工業紛紛撤出，工廠搬走到其他地方，東莞工業走向蕭條，令工業和經濟受到重挫，工人和農民工收入大跌。

　　早兩年疫情未爆發之前，與朋友參加「睇樓團」，參觀當地的樓盤，順道一遊，發現情況並非傳說的那樣。虎門二橋已建成通車，虎門大橋交通壓力有所緩解，路上暢通無阻，進入城區之後，環境幽美，綠化做得很好，成為了一個潔淨宜居的城市，跟我當年在此工作時的情況大為改觀。回家後，再看看網上的一些資料和報章雜誌的報導，近年再看看電視台介紹大灣區城市的專題節目，才知道東莞已經變了，但不是變得更加差，而是變得更加好。2020 年東莞GDP 接近一萬億元人民幣（即大約 1,500 億美元），如果與日本城市相比，相當於第三大產值城市，僅次於東京和大阪，絕不失禮。一個當年被視為「性都」的「下流」城市，鳳凰重生。

　　現在東莞常住人口有 800 多萬，在珠三角九個城市中僅次於廣州、深圳。不是網絡上傳說的人去樓空。據 2017 年東莞市國民經濟社會統計年鑑指出，東莞的常住總人口為 834 萬人，東莞常住人口的平均年齡為 28 歲，年輕而充滿活力，這處已從情色之都蛻變為高科技大都會。東莞過往是「世界工廠」，以港資和台資為主，做一

些低技術的三來一補企業，著名經濟學家張五常就講過，全世界生產能力最強的地方就在珠江三角洲的東莞。現在，已發展成為新興產業的研發基地和製造業中心。

有床上用品公司開發的健康睡眠的智能系統，由「中國製造」走向「中國智造」；在松山湖是高新技術產業開發區，有香港人利用人工智能技術結合醫療科技，發展嶄新醫療器材。風靡全球的大疆無人機在東莞就有生產基地。2020年10月27日，東莞——今日，vivo研發總部開工儀式於東莞長安舉行，東莞市市長肖亞非、東莞市市委副書記白濤等政府代表，以及vivo公司的代表共同出席了本次活動。vivo研發總部的動工標誌著公司將持續加大創新投入，通過聚焦設計、影像、交互和性能四個長賽道，不斷為消費者提供極致的產品和服務，並進一步推動行業技術的升級。

此次動工的vivo研發總部將坐落於東莞市長安鎮蓮湖路，基建部分投資超50億元，總佔地面積180畝，建築面積65萬LED光電、新型平板顯示、太陽能光伏等新興產業也在此安家落戶。

為甚麼東莞可以成功轉型？因為它有獨特和歷史的優勢。以往東莞一直以製造業為主，工廠林立，製造業實力雄厚，其中又以電子資訊產業為支柱，令東莞可以在短短幾年內建立世界上大多數工

業產口所需的「工業生物鏈」，產業體系齊全，是全球最大的製造業基地之一，你在此設廠生產甚麼產品也好，你都可以在東莞的大大小小工廠，找到與其相配套的零件、配備和產品。

東莞不但有大型工廠，更有大量中型及小型工廠；東莞不但是生產的工業產品，更生產全球製造各類產品的零部件。假如你要開發甚麼新產品，你在東莞這個地方大致上都能夠找到所有配件。因此，世界上 95% 的 IT 產品都可以在這裡配齊。現在東莞的五大產業就是電子信息、裝備製造、紡織服裝、食品飲料、傢具製造等，其中前兩項更是突飛猛進。

東莞已變身成為全球高科技製造業中心之一，形成世界上最大、最先進、出口實力最強的工業地帶。以智能手機為例，東莞的出貨量高達 3.56 億部，華為、OPPO、VIVO 等國產知名手機品牌（這些企業的出貨量穩居全球前六名，與三星和蘋果匹敵）都在東莞設廠生產。全球五部智能手機中就有一部東莞製造。全球 49 家 500 強企業在東莞有投資項目。單在 2019 年，東莞市就引進港商企業五百多家；得到港商直接投資 9 億美元。東莞又有多個青年創新創業基地，為粵港澳青年提供創新創業機會，不少港青已經北上東莞闖天下了。

為了產業升級，東莞近年來出台智能製造，大力推動機器換人，各大小工廠都引入智能機械人在生產線之中，工廠不再是人多好辦事，而是一人操縱多部機器，一條大型生產線只需幾個工人。這個好開始，可以由 2018 年說起，由於位處深圳總部的地方不足，影響

企業的發長，華為就在東莞松山湖投資幾百億，基地建築了一個歐洲特色的小鎮，作為研發和生產人員的新落腳點，打造全球最大高科技工業園區，以便可以發展更多有關科技產業的項目。華為搬遷到東莞後，增加了東莞經濟發展的動力，令東莞的經濟更上一層樓。此外，東莞常平科技園內更有大量港澳台資企業在此研發和生產，發展工業設計、信息技術、軟件及網絡科技、檢驗檢測等項目。

　　時至今日，東莞的工業已經再生，而且科技化，成功升級轉型，將香港和深圳結合所設計的科技產品，在東莞這個全球世界第一的高端科技產品生產地，大規模量化生產，而且成本可以做到全球最低。現在，東莞不但是世界工廠，更是高端產品的世界生產基地。

總　結　⬆⬇

　　四十年前未有改革開放，東莞只不過是中國一個小小的邊遠地區，連城市也說不上，人民以農業為生，過著簡樸的生活，是廣東作為魚米之鄉的一個重要產地而已。

　　後來改革開放，大量港資進入東莞，開始「三來一補」（「三來」是指來料加工、來樣加工、來件裝配，而「一補」是指補償貿易）的工業生產。1988 年，亞洲四小龍名聞世界，經濟蓬勃發展，廣東省也有「廣東四小虎」，經濟飛速發展，她們就是順德、南海、中山、東莞。

　　由於香港的廠家大規模北上東莞，至 2002 年時，東莞外商雖然來自 30 多個國家和地區，但香港就佔了東莞外來投資金額的百分之五十八；東莞的 14000 多家外商中，港商就佔了六成，達到 8000 多家。港商為東莞的貢獻之大，可想而知，而東莞也慢慢變成了「國際製造業名城」，集中了很多工業和工廠。

　　有了富裕的商人和來自港台等地的管理階層，又有大量年輕貌美的工廠妹南下東莞尋找機會，東莞的色情事業就這樣起步了。所謂食色性也，食慾和性慾本來就是人類的本性，只不過在東莞更加產業化和系統化而已。工業發

達，自然就有萬商雲集，有錢人多的是，在異鄉工作，孤身一人，沒有妻子或女朋友的監管，當然要酒色財氣一番。再者，大量來自五湖四海的打工妹來此工作，在人力供應上自然源源不絕。當這些來自貧困農村的少女，投身花花世界，被物質所吸引，發現在淫業的收入遠比在工廠高的時候，自然轉入色情場所工作。

隨著經營成本上升，以及來自其他地區的競爭，東莞外資企業撤離數量逐年增加。2006 年，東莞據統計就有外資企業 1000 多家撤離，給東莞帶來了很大壓力。2008 年，美國爆發金融海嘯，全球經濟危機來臨，東莞作為世界工廠自然受到衝擊，每天都有企業陷入困境，大量裁員，甚至倒閉。在 2009 年 10 月，東莞最大玩具工廠合俊玩具廠結業，數千名失業員工走上街頭抗議，就可見問題的嚴重性。他們和我的親戚一樣，沒有更多技能。到 2011 年時，東莞 3500 多家玩具廠倒閉了約 1800 家。

工廠妹生計不保，部份就轉業為性工作者。東莞工業因各種因素而衰退，但未能找到新興行業可以吸納大量的剩餘人力資源，雖然東莞政府曾開闢「松山湖」先進科技園，並大力推行，但風氣未成，始終無法招徠跨國科技企

業投資。本來已經存在的色情行業，就藉此起飛了，為工人和市政府提供了出路，酒店服務業和娛樂事業的產業鏈異軍突起。

色情行業蓬勃發展，東莞被稱為「中國性都」，相信這並非為東莞領導和當地市民所希望見到，但市場的無形力量就是這樣運作。東莞各類豪華酒店多達 1000 餘家，東莞的星級飯店達到 90 多家，其中不少更是四、五星級的，成為中國地級城市中星級酒店最多的地方。

「十萬小姐赴嶺南，百萬嫖客下東莞」。當地色情從業員，估計單是妓女便超過了 30 萬人，如果把依靠妓女為生的人，如淫媒、夜場服務員等等，以及周邊的服務業員工都計算在內，相信從業員超過 100 萬人。首先，市場上有這個需要。在龐大的利益之下，地方的公安法治系統作為保護傘，「性都」就此形成。

2014 年迎來了東莞命運的轉折點，中央大力打擊色情行業，一夜之間世界變了。東莞告別世界工廠，再告別中國性都。

令人想不到是，東莞沒有倒下去，隨著中國國力的發展，隨著中國創新科技的推動，東莞在工業、商業、旅遊業，甚至高科技產業等，都積極發展。

　　再加上粵港澳大灣區的規劃，東莞因交市通之便，在南沙大橋（虎門二橋）通車後（很快更會有深中通道出現），由東莞到廣州或珠江西部的車程將可以縮短超過半小時，變成了一個充滿發展前景的城市。在大灣區內，香港是國際金融中心，擁有良好的科技教育與法律制度，深圳就是科創研發基地，東莞就是在兩者之間的製造業基地。

　　東莞市的 GDP 在 2019 年是 8278.59 億元，到 2020 年是 9650.19 億元，增長強勁，預計在兩到三年內將會進入萬億元 GDP 的行列。經濟好了，機會來了，東莞的人口也增加了，城市未來的生活品質也提升了。

　　作為一個在東莞工作多年的廠佬，能夠見證它的變化，實在是一次有趣的經歷，所以我以這本書，寫下我的見聞，我的所思所感，作為一紀念也好，作為一個見證也好，算是歷史洪流的一個小浪花吧，不過，我希望它是美麗的浪花。

參　考　資　料

書籍

張彤禾《工廠女孩》台北：樂果文化出版，2012 年

楊繼繩《墓碑 - 一九五八 - 一九六二年：中國大饑荒紀實》香港：天
　　地，2008

Liker, J. (2004). "The 14 Principles of the Toyota Way: An Executive
　　Summary of the Culture Behind TPS" The Toyota Way: 14
　　Management Principles from the World's Greatest Manufacturer.
　　Ann Arbor, Michigan: University of Michigan. P.35-41.

Chan, J. (2013), 'A Suicide Survivor: The Life of a Chinese Worker',
　　New Technology, Work and Employment 28 (2): 100-15.

Pun, N. (2005), Made in China: Women Factory Workers in A Global
　　Workplace (Durham: Duke University Press).

新聞和網上資料

紐約時報中文網 2013 年 3 月 1 日《中國工廠裡的孩子》
　　https://cn.nytimes.com/china/20130301/cc01childlabor/zh-
　　hant/

Youtube：世界工廠——東莞大量工廠倒閉外遷？別擔心，明年後年
　　更多，七零八零後創立的輝煌即將落幕，人去樓空
　　https://www.youtube.com/watch?v=G3okq5nq8Kw

東莞市 2021 年政府工作報告 中國東莞政府門戶網站 2021-04-09

  http://www.dg.gov.cn/zwgk/zfxxgkml/cpz/qt/zfgzbg/content/
  post_3497581.html

這座城市，有人說它沒有市中心，也有人說他到處都是市中心 2018-
  12-03

  https://www.sohu.com/a/279223562_791412

粵港澳大灣區建設

  https://www.bayarea.gov.hk/tc/home/index.html

黃色事業

文匯報（2007-9-14）《深圳「三沙一水」蕭條了》

  http://news.wenweipo.com/2007/09/14/IN0709140098.htm

蘋果日報（2006-4-17）《港人蒲點變行劫黑點》

  https://hk.appledaily.com/local/20060417/TADD5BZLTLGQJO5
  WLOYLROWOIU/

東方日報（2014-5-19）《深圳再掃黃 傳拘港人》

  https://orientaldaily.on.cc/cnt/china_world/20140519/00178_
  042.html

東方日報（2015-5-27）《新聞背後：東莞淪性都　莞式服務成淫業標準》

https://hk.on.cc/cn/bkn/cnt/news/20150527/bkncn-201505271
05444740-0527_05011_001.html

東方日報（2017-6-2）《黃業曾達 50 萬人 東莞淫名遠播》

http://www.orientaldaily.on.cc/cnt/news/20170602/00176_011.
html

東方日報（2017-8-15）《東莞淫業大亨太子輝末路　三宗罪成判無期》

https://hk.on.cc/cn/bkn/cnt/news/20170815/bkn
cn-20170815110649972-0815_05011_001.html?eventsection=cn
_news&eventid=4028828d4d7616ee014d9303e0f82daf

蘋果日報（2017-8-16）《妓女逾 30 萬「莞式服務」聞名全國》

https://www.nanoapple.com/hk-news-a-international-daily-
article-20170816-20122834

蘋果日報（2017-8-16）《妓女逾 30 萬「莞式服務」聞名全國》

https://hk.appledaily.com/china/20170816/O6Y6T4DCALKUFV2
NF3N2LTGFKE/

大鏢客 -Youtube

https://www.youtube.com/channel/UC0PFrnqzNfl5uamJZU3I
kVw

大鏢客 Youtube：珠三角现存扫街场子实拍
　　https://www.youtube.com/watch?v=fTloaFWP9iU

大鏢客 Youtube：深圳，珠海，江门扫街
　　https://www.youtube.com/watch?v=hyfM5j5ZxRo

大鏢客 Youtube：郑州扫街探店实录
　　https://www.youtube.com/watch?v=qFaOJGY_KNs

大鏢客 Youtube：东莞，深圳，广州扫街深度发掘
　　https://www.youtube.com/watch?v=adlPUp4H2fQ

大鏢客 Youtube：南京连扫七地三次记
　　https://www.youtube.com/watch?v=0BXf1ca2yVM

看見歷史（2017-6-5）《莞式三十六式全套图解 东莞莞式服务全过
　　程视频扫黄现场图片》
　　http://www.kanjianlishi.com/gushi/mingren/164276.html

看見歷史（2017-6-5）《東莞莞式三十六式 68 招圖解 莞式 ISO 全
　　套內容服務詳解》
　　http://www.kanjianlishi.com/gushi/mingren/164028.html

老男人（2017-6-15）《莞式服务 ISO 三十六式全套内容图解精华版》
　　https://www.laonanren.com/news/2017-06/173472p7.htm

農村貧窮和扶貧

三立新聞網（2020-1-16）《每天生活費 9 元引關注　貴州吳花燕逝世得年 24 歲》

    https://www.setn.com/News.aspx?NewsID=673364

BBC（2019-11-1）《中國：貴州女生日開銷兩元折射的貧困人口現狀》

    https://www.bbc.com/zhongwen/trad/chinese-news-50260657

The South China Morning Post (2019-3-11) The Chinese Villagers who fear they can never escape the poverty trap

    https://www.bing.com/videos/search?q=poverty+in+china&&view=detail&mid=18EF16340060CE7DAAE618EF16340060CE7DAAE6&&FORM=VRDGAR&ru=%2Fvideos%2Fsearch%3Fq%3Dpoverty%2Bin%2Bchina%26FORM%3DHDRSC3

貪污

蘋果日報（2019-10-30）《強國貪官挪公款買 1470 瓶白酒　退休前全部喝光》

    https://tw.appledaily.com/international/20191030/LBNYOG22ZM3E4PRDJKGU2VRJDI/

自由時報（2020-1-13）《中國貪官奢例現形！4000 多瓶茅台酒倒
　　入馬桶》

https://news.ltn.com.tw/news/world/breakingnews/3038649

三立新聞網（2020-1-13）《中國貪官現形記！4000 瓶茅台往馬桶
　　倒　「倒也倒不盡」》

https://www.setn.com/News.aspx?NewsID=671447

黑幫

優酷 Youku（2011-7-29）《[拍客] 东莞暴徒疯狂打砸砍人现场》

http://v.youku.com/v_show/id_XMjg5MzU1MTM2.
html?spm=a2hzp.8253869.0.0

優酷 Youku（2013-3-28）《[拍客] 四男子东莞赌场被砍 报警 6 天
　　仍未立案》

http://v.youku.com/v_show/id_XNTMzNzEwMzIw.
html?spm=a2hzp.8253869.0.0

優酷 Youku（2019-1-2）《福建福州：可怕！餐饮店突闯入多名蒙
　　面大汉 持棍疯狂打砸》

https://v.youku.com/v_show/id_XMzk5Mjg3MzQyMA==.
html?spm=a2h0k.11417342.soresults.dtitle

樟木頭

愛奇藝《實拍東莞樟木頭天和百貨，小香港就是不一樣，人來人往看著好熱鬧》

https://tw.iqiyi.com/v_19rqpkwxyw.html

Youtube：《走进中国：中国"小香港"樟木头夜拍，香港人的后花园，男人的天堂》

https://www.youtube.com/watch?v=XCTDLfoNfls

香港 01《經濟差港商台商撤退 東莞「二奶城」風光不再》

https://www.hk01.com/%E4%B8%AD%E5%9C%8B/24229/%
E7%B6%93%E6%BF%9F%E5%B7%AE%E6%B8%AF%E5%9
5%86%E5%8F%B0%E5%95%86%E6%92%A4%E9%80%80-
%E6%9D%B1%E8%8E%9E%E6%A8%9F%E6%9C%-
A8%E9%A0%AD-%E4%BA%8C%E5%A5%B6%E5%9F%8E-%E9
%A2%A8%E5%85%89%E4%B8%8D%E5%86%8D

每日頭條（2017-4-8）《這個小鎮被稱為「小香港」，你知道是哪裏嗎？》

https://kknews.cc/zh-hk/travel/394a3yo.html

廢佬東莞奇遇記

作者： 波是圓的-屈薯彭先生

編輯： 青森文化編輯組

封面插圖： 阿塗

設計： 4res

出版： 紅出版（青森文化）
地址：香港灣仔道133號卓凌中心11樓
出版計劃查詢電話：(852) 2540 7517
電郵：editor@red-publish.com
網址：http://www.red-publish.com

香港總經銷： 香港聯合書刊物流有限公司

台灣總經銷： 貿騰發賣股份有限公司
地址：新北市中和區立德街136號6樓
電話：(886) 2-8227-5988
網址：http://www.namode.com

出版日期： 2021年6月

圖書分類： 社會科學

ISBN： 978-988-8743-16-2

定價： 港幣80元正／新台幣320圓正